O DESAFIO DO
IMPOSSÍVEL

CARO LEITOR,

Queremos saber sua opinião sobre nossos livros.
Após a leitura, curta-nos no facebook.com/editoragentebr,
siga-nos no Twitter @EditoraGente e
no Instagram @editoragente e visite-nos
no site www.editoragente.com.br.
Cadastre-se e contribua com sugestões, críticas ou elogios.

Boa leitura!

NEUZA CHAVES | VIVIANE MARTINS

PREFÁCIO DE
VICENTE FALCONI

O DESAFIO DO IMPOSSÍVEL

A HISTÓRIA DE COMO A AMBEV E A
FALCONI REVOLUCIONARAM UMA DAS
MAIORES CERVEJARIAS DO MUNDO

Diretora
Rosely Boschini

Gerente Editorial
Carolina Rocha

Editora
Franciane Batagin Ribeiro

Assistente Editorial
Rafaella Carrilho

Controle de Produção
Fábio Esteves

Preparação
Fernanda Guerriero Antunes

Jornalista colaborador de conteúdo
Robson Viturino

Fotos
Marcelo Freire de Oliveira

Capa
Renata Zucchini

Ilustração de capa
Sérgio Rossi

Projeto Gráfico e Diagramação
Vivian Oliveira

Revisão
Andréa Bruno e Renato Ritto

Impressão
Edições Loyola

Copyright © 2021 by Neuza Chaves
e Viviane Martins
Todos os direitos desta edição
são reservados à Editora Gente.
Rua Original, 141/143 – Sumarezinho
São Paulo, SP– CEP 05435-050
Telefone: (11) 3670-2500
Site: www.editoragente.com.br
E-mail: gente@editoragente.com.br

Dados Internacionais de Catalogação na Publicação (CIP)
Angélica Ilacqua CRB-8/7057

Chaves, Neuza
    Desafio do impossível: a história de como a Ambev e a Falconi revolucionaram uma das maiores cervejarias do mundo / Neuza Chaves, Viviane Martins. -- 1. ed. -- São Paulo: Editora Gente, 2021.
    192 p.

    ISBN 978-65-5544-086-7

    1. Negócios 2. Sucesso nos negócios 3. Recursos humanos 4. AmBev - Estudo de casos 5. Falconi Consultores - Estudo de casos I. Título II. Martins, Viviane

21-0778   CDD 650.1

Índice para catálogo sistemático
1. Sucesso nos negócios

NOTA DA PUBLISHER

Que prazer ter duas mulheres tão incríveis como autoras do *cast* da Editora Gente.

Neuza Chaves e Viviane Martins fazem tal como diz o título deste livro: elas desafiam o impossível.

Neuza e Viviane, em parceria, são responsáveis por uma grande virada no indicador de produtividade da Ambev. Saindo de um índice considerado péssimo e ultrapassando os 80%, essa virada só foi possível graças ao foco nas pessoas!

Esse *case* de sucesso é fruto de muito trabalho e dedicação vindo de excelentes profissionais. CEO da Falconi, Viviane Martins é referência quando o assunto é crescimento econômico sustentável. Já Neuza atua como Consultora Senior Advisor associada à Falconi e é mentora de executivos de altos cargos.

Juntas, elas mostram que o verdadeiro poder de transformação está nas pessoas. Quando se conquista o engajamento delas, as possibilidades se revelam e os resultados tornam-se possíveis de serem alcançados. Inspire-se com essa história de sucesso. Boa leitura!

Rosely Boschini
CEO e publisher da Editora Gente

*Dedicamos estas páginas às organizações e aos líderes que estão
comprometidos com a transformação e colocam o fator humano
no centro de suas ações e decisões. Para quem se encanta pelo tema,
esperamos que esta obra seja um exemplo inspirador.*

AGRADECIMENTOS

A ideia de registrar a experiência que Falconi e Ambev empreenderam juntas partiu do nosso orgulho por ter realizado transformações muito significativas ao lado de indivíduos tão especiais e obtido um resultado que precisa ser conhecido e replicado por outras organizações. Assim, este livro é um misto de homenagem e contribuição.

Os nossos agradecimentos, portanto, não são aqueles de praxe. Se fôssemos representá-los em uma imagem, seria a de uma corrente que foi se multiplicando e se fortalecendo a cada etapa. Ao longo deste livro, você, leitor, verá que realmente sem essas pessoas o resultado não teria sido alcançado e nem teria tido a força para se estender a tantas outras unidades.

A corrente de agradecimentos começa com Márcio Fróes – na época, VP de Gente na Ambev –, por ter convidado o prof. Vicente Falconi para orquestrar o trabalho. O professor se destaca nessa corrente pela confiança em nós ao nos chamar para fazer parte de um empreendimento dessa relevância, além de nos inspirar e orientar e apoiar efetivamente o registro neste livro.

A corrente de agradecimentos se estende ao Roberto Couceiro, pela sua liderança inspiradora; ao Maffei, pela competência implementadora; ao Daniel Spolaor, por nos ajudar a pôr a mão na massa;

à equipe de Gente Ambev e à equipe de consultores Falconi. Nessa corrente, agradecemos aos gerentes, supervisores e todos os líderes no campo, bem como os operadores, que não mediram esforços e entusiasmo para que tudo desse certo.

Fechamos a corrente agradecendo ao Comitê de Gente, formado pelo CEO, VP de Gente e executivos de primeiro nível, pela confiança, persistência e oportunidade de gerar um resultado concreto para mostrar ao mundo corporativo que investir em gente vale a pena. Obrigada por não se limitarem aos discursos de que Gente é importante, demonstrando na prática que essa máxima é uma verdade.

Este livro é um misto de homenagem e contribuição.

SUMÁRIO

PREFÁCIO de Vicente Falconi — 16

APRESENTAÇÃO de Márcio Fróes — 20

APRESENTAÇÃO de Roberto Couceiro — 24

INTRODUÇÃO
O significado de desafiar o impossível — 28

CAPÍTULO 1
Um novo olhar para novos tempos — 34
    Uma aliança de três décadas — 36
    Tomando consciência do tamanho do problema — 38

CAPÍTULO 2
A crise anunciada e a surpresa da demanda — 42
    Uma chamada para toda liderança — 44
    O primeiro passo para fora da crise — 45

CAPÍTULO 3
Um salto em território pouco conhecido — 50
    O desafio visto de perto — 54

CAPÍTULO 4
A ciência na fábrica de cerveja — 64
O método e o calendário das grandes mudanças — 68
Uma meta impossível — 74

CAPÍTULO 5
As várias faces do problema — 80
Os desafios sob a lente de Maslow — 84
DEPOIMENTO Das pequenas e grandes vitórias — 90

CAPÍTULO 6
A dinâmica das necessidades — 94
A meio caminho da verdade — 97
DEPOIMENTO O valor dos pequenos progressos — 101

CAPÍTULO 7
O valor de todas as coisas — 104
Em busca de uma nova política de salários — 107
DEPOIMENTO Um novo caminho para o crescimento — 110

CAPÍTULO 8
O sonho grande no chão da fábrica — 116
Uma nova relação com o trabalho — 119
DEPOIMENTO Minha vida após o Comitê de Gente — 124

CAPÍTULO 9
A grande virada — 130
E agora, como manter os resultados? — 133
A reprodução das melhores práticas — 134
DEPOIMENTO A luta e a conquista — 137

CAPÍTULO 10
Metas superadas – uma cultura transformada   142
    O engajamento que cria possibilidades   146

CAPÍTULO 11
Desafiando o seu impossível   152
    Problemas frequentes   160
    Maslow e PDCA no seu negócio   163
    Implementação   166

POSFÁCIO
Um olhar para o futuro   168
    Da Cervejaria Rio de Janeiro para o mundo   171

CADERNO DE FOTOS
A nova cultura abre espaço para o bem-estar   174

PREFÁCIO

desafio do impossível conta como a Ambev aumentou a produtividade de suas fábricas no Brasil em aproximadamente 50% em uma abordagem exclusiva de gente. A produtividade cresceu e todos os consumos específicos de matéria-prima e energia caíram drasticamente. Foi, sem dúvidas, o projeto mais notável de que participei em minha vida!

Lá pelos idos de 2010, o Márcio Fróes, então Diretor Industrial da Ambev, me telefonou e disse que estava precisando falar comigo. Marcamos um encontro na sede da empresa e quando cheguei à sala de reunião, lá estava o Márcio, com três ou quatro fichários de mais ou menos um palmo de espessura cada. Ele foi logo dizendo: "Professor, estes três livros são a coletânea de manuais de operação das cervejarias. Não está funcionando! Estamos numa encrenca!".

Eu sabia que o turnover de pessoal da cervejaria do Rio de Janeiro, por onde deveríamos iniciar o projeto, era alto e em torno de 20% (todo mundo falava que era "típico da região"...), além de ter a mais baixa produtividade. Falei: "Márcio, os manuais não estão necessariamente errados. O problema é que não há rotina fabril que funcione com um turnover anual maior do que 6% ao ano. Vamos começar nosso ataque por aí? Depois a gente vê se precisamos mudar algo nos manuais". O Márcio é um profissional experiente e falávamos a mesma linguagem técnica em gestão. Ele concordou na hora. Falei com ele: "Márcio, vamos então propor ao João (João Castro Neves era o CEO na época) montar um Comitê, com a presença dele, que se reunirá na fábrica do Rio de Janeiro por um dia, todo mês. Precisamos dar o sinal de que vamos atacar o problema para valer e que, desta vez (já houve outras tentativas...), estávamos 'entrando com tudo'!". João topou e o Comitê foi montado com o nome de "Comitê de Gente", porque atacaríamos um problema de gente. Nós nos encontramos todo mês durante cinco anos e ninguém faltava.

As decisões eram tomadas em cada reunião, pois a presença do João facilitava isso. Algumas vezes ele falava "Não cabe no orçamento, gente!", e adiávamos alguma ação, mas o que era decidido era executado, uma vez que também participava da reunião o Couceiro (Roberto Couceiro Santos), que era o Diretor Regional. Ele era o responsável pela execução e era cobrado na reunião seguinte.

Eu via nossa cultura de gestão de gente e operação da cervejaria mudar mês a mês. Foi a maior mudança cultural a que pude assistir em minha vida!

Toda essa história é contada em mais detalhes pela Viviane e pela Neuza, autoras do livro, pois as duas participaram de todas as reuniões e atuaram como consultoras no projeto. Eu participei como conselheiro da empresa.

Vários outros executivos da área operacional da Ambev foram entrevistados para este livro, bem como supervisores e operadores que forneceram a percepção do pessoal operacional.

Ao final do projeto, cinco anos depois, batemos com folga todas as metas e hoje posso lhes afirmar que a cervejaria do Rio de Janeiro é, de todas as fábricas que conheci em minha vida, a de melhor cultura e operação. Mas, além disso, posso afirmar que é a instalação fabril onde as pessoas são mais felizes (esta foi nossa política: criar um ambiente no qual as pessoas poderiam ser felizes). Como posso provar o que falo? Hoje, a cervejaria do Rio de Janeiro apresenta um turnover de pessoal de 2,7% ao ano. Ninguém quer sair de lá!

Já ia me esquecendo de dizer que a cervejaria do Rio de Janeiro, para nosso orgulho, depois de passar por crises de produtividade durante anos, foi a campeã nacional de produtividade fabril entre as cervejarias da Ambev no ano de 2020.

Ah! Faltou também dizer: mudamos o manual! Introduzimos um novo pilar de gente e de como gerenciar nossas cervejarias para que as pessoas possam ser felizes em seu trabalho! Isso foi desdobrado para todas as cervejarias da Ambev e, agora, está sendo desdobrado para as duzentas cervejarias da Anheuser-Busch InBev em todo o mundo.

Gol de placa!

Vicente Falconi
Membro do Conselho de Administração da Ambev
Fundador e membro do Conselho de
Administração da Falconi Consultores S.A.

APRESENTAÇÃO

Este é um livro muito especial sobre crenças, apesar de ser possível pensar que seja sobre produtividade. Tudo começou com um problema de difícil solução, um desafio que já havia sido enfrentado por muita gente boa e que não fora resolvido: transformar a maior e mais complexa operação da Ambev em um modelo de resultados sustentáveis e replicável.

A primeira coisa a fazer foi buscar ajuda e, naquele momento, a pessoa que me veio à cabeça foi o prof. Falconi, por ser uma referência em resolver problemas e pelo interesse genuíno pelas pessoas e pelos propósitos.

Logo em seguida, era preciso definir um sonho que pudesse ser sonhado por todos no time e montar uma equipe com muito comprometimento com a causa, vontade de aprender, alta resistência a frustração e capacidade de execução.

Cercamo-nos de pessoas espetaculares em todos os níveis: o Diretor Industrial, gerentes, supervisores, operadores, o time do Centro de Engenharia, do Global, e a equipe da Falconi, todos no mesmo barco remando na mesma direção.

Hoje, vendo com calma o filme dos últimos dez anos desse desafio, posso afirmar que não foi um trabalho relacionado a máquinas, tecnologia, inteligência artificial ou indústria 4.0; foi essencialmente um trabalho de GENTE.

Seguem alguns aprendizados essenciais para você, que tem um desafio semelhante:

- Por mais difícil que seja o desafio, a jornada deve ser prazerosa. Precisamos aprender a ser felizes durante o caminho, e não apenas no final.
- Pessoas comprometidas, qualificadas e bem-intencionadas podem falhar na tentativa de buscar melhorias. É necessária muita humildade para entender que às vezes não há conhecimento instalado nos nossos times que seja capaz de endereçar certos problemas. Nessa hora, precisamos buscar conhecimento onde quer que ele esteja, ou não teremos sucesso.
- Para que as melhorias sejam sustentáveis, mobilize as principais lideranças e envolva todas as pessoas no propósito. Tenho orgulho em ver que o meu sucessor como Vice-Presidente de Supply, Flávio Torres, seu sucessor, Maurício Soufen, e seus respectivos times continuaram entregando resultados espetaculares e acima de tudo sustentaram a cultura construída, conscientes de que as pessoas realmente importam.
- São elas que ao longo dos anos vêm demonstrando que a Ambev sempre foi e continua a ser #alémdosrótulos.

Márcio Fróes
Presidente do Conselho de Administração
da Falconi Consultores S/A
Ex Executive Board Member na Anheuser-Busch InBev

Hoje, vendo com calma o filme dos últimos dez anos deste desafio, posso afirmar que não foi um trabalho relacionado a máquinas, tecnologia, inteligência artificial ou indústria 4.0, foi essencialmente um trabalho de GENTE.

APRESENTAÇÃO

Este livro apresenta um caso real de obtenção de resultados empresariais sustentáveis e de longo prazo com o auxílio da gestão de pessoas. A descrição dessa jornada é tão prática e clara que possivelmente inspirará outros líderes em seus diversos negócios.

Eu tive a grande honra de participar, durante cinco anos, do então denominado Comitê de Gente, um projeto de recuperação de performance da Cervejaria Rio de Janeiro. No Comitê, atuaram comigo vários Líderes da Ambev e o prof. Vicente Falconi – que nunca faltou a nenhuma das reuniões, às quais comparecia inexoravelmente com quinze minutos de antecedência – à frente de sua valorosa equipe, de quem destaco a atuação de Neuza Chaves e Viviane Martins.

Os fatos narrados, capítulo a capítulo, estão de tal modo correlacionados que o leitor navegará facilmente por estas páginas, desde a identificação das causas que, de início, provocaram uma baixa performance da organização, até as diversas ações planejadas, executadas e monitoradas que produziram o *turnaround* da operação, levando aos resultados sustentáveis por intermédio das pessoas.

É lugar-comum da gestão que um líder obtenha resultados por meio das pessoas. Evidentemente é assim: são os indivíduos que fazem as coisas acontecerem. O que não é obvio é *como fazer isso* – e, mais ainda, *como ensinar outros líderes a fazer o mesmo*. Esse foi o objetivo do trabalho realizado na Cervejaria Rio de Janeiro, e que está relatado em análises, conceitos e práticas reais expostos nesta obra.

O caso em questão foi executado em uma operação em que não se podiam questionar os feitos, porque era a maior ação da Ambev no Brasil – e que envolveu uma das maiores cervejarias do mundo. A ideia era, ao final, construir um manual de aprendizados de gestão para que fosse possível fazer um *roll out* para outras operações.

Correndo o risco de incorrer em *spoiler*, é necessário adiantar que temas como satisfação da equipe e retenção de talentos – melhor dizendo, retenção de conhecimentos – são os fundamentos para conseguir resultados sustentáveis.

O Comitê de Gente, que à primeira vista pareceria um conjunto de ações para tão somente elevar o *engagement*, foi um projeto de performance que se tornou um dos grandes planos de geração de valor dentro da Anheuser-Busch InBev, finalidade para a qual ele realmente foi sendo desenhado nestes cinco anos.

Estou seguro de que o leitor não apenas apreciará a leitura das próximas páginas, mas aproveitará o aprendizado, transformando-o em uma fonte de consulta para vários dos seus trabalhos futuros.

Roberto Couceiro
VP Supply Middle Americas Zone

A descrição desta jornada é tão prática e clara que possivelmente inspirará outros líderes em seus diversos negócios.

INTRODUÇÃO

O significado de desafiar o impossível

Em 2010, a Falconi se deparou com um imponente desafio: seria possível que a maior cervejaria do Brasil (e segunda maior do mundo) revertesse um indicador de produtividade péssimo – 69% – e ultrapassasse a marca dos 80%, tida como uma fronteira de excelência para o setor, chegando a 87%?

Essa mesma cervejaria, que havia vários anos apresentava um turnover que chegava a 20%, conseguiria reduzi-lo para 2% a 3%, de tal modo que os resultados seguissem melhorando continuamente depois do trabalho realizado?

Como poderia deixar de ser um *case* problemático e realizar o sonho de se tornar, pela primeira vez, a "campeã nacional" segundo critérios de extrema qualidade?

Qual o caminho para fazer as pessoas se sentirem orgulhosas de sua trajetória e zelosas pelo local de trabalho, após anos assistindo a inúmeros pedidos de demissão e altíssima rotatividade?

Seria possível enxergar que o dia a dia profissional se passa em um oásis na região, mesmo com tantos riscos no entorno?

Sim. A resposta para todas essas perguntas é que, sim, era possível transformar a empresa diante de nós nesse ambiente de crescimento, inspiração e resultados.

Como?

Desafiando o impossível.

A trajetória de esforços conjuntos entre a Falconi e a Ambev vai demonstrar o caminho trilhado para se alcançar as metas e obter o engajamento das pessoas. Demonstra também como isso foi possível ao se investir nelas como sujeitos e, ao mesmo tempo, alvos das melhorias. Este livro mostrará que, quando os sujeitos são colocados em foco, as possibilidades se revelam.

O gráfico a seguir é a síntese essencial dessa jornada. Os níveis de eficiência e rotatividade se transformaram. Os objetivos foram alcançados por meio de um processo consistente e com visão de longo prazo dentro da companhia:

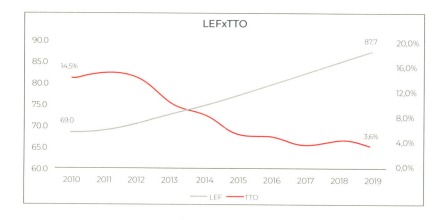

Gráfico 1: Eficiência das linhas fabris – consolidado das cervejarias Ambev Brasil.
TTO: Turnover Total/ano.
LEF: Eficiência das Linhas Fabris.

Os valores de turnover tanto na cervejaria foco do *case*, de 2,16%, quanto no global, de 3,45%, permanecem superando a meta.

Em um contexto tão volátil como é o mercado profissional na era do conhecimento em que vivemos, independentemente do seu nicho de atuação, falar sobre gestão de pessoas é mais do que prioritário: é fundamental. O fator humano é determinante para que

O fator humano
é determinante
para que
qualquer
negócio
proponha
seus próximos
passos e avance
em direção
a eles.

O DESAFIO DO IMPOSSÍVEL

qualquer negócio proponha seus próximos passos e avance em direção a eles, embora seja muito mais comum vermos líderes e equipes inteiras apostando no ferramental (tecnologia, equipamentos, treinamentos) como a chave de seu crescimento. É claro que esses recursos são importantes; contudo, o que definirá seu bom uso serão a motivação das pessoas e a relação delas entre si e com a empresa.

Ao longo de nossa história, testemunhamos inúmeros negócios com grande potencial, mas com muitas dificuldades em construir ambientes de crescimento sustentável. Costumávamos denominar de "serrote" essas organizações, referindo-nos às melhorias que não se sustentavam e impunham custos e desgastes em movimentos de subida e descida intermitentes. Esse foi um dos primeiros incômodos que nos foram relatados no diagnóstico. Como explicar esse fenômeno "serrote" em um ambiente de gestores de elevada competência e compromisso com a empresa? Durante o nosso relato, as causas ficarão bem evidentes.

Nas próximas páginas, abrimos os bastidores de tudo o que aconteceu para que a Ambev conseguisse tamanha virada em seus indicadores, saindo do estado de "serrote" para "escada".

Organizamos o livro de modo a expor cada etapa do processo desenvolvido. No decorrer da sua leitura, você terá acesso aos depoimentos dos profissionais que sentiram na pele o impacto da transformação realizada.

Esperamos que este exemplo lhe traga inspiração no seu dia a dia e mostre caminhos para que a gestão do seu negócio potencialize os talentos da sua organização. Essa é a estratégia mais eficaz para resultados que talvez, hoje, você ainda considere impossíveis.

Esperamos que este exemplo lhe traga inspiração no seu dia a dia e mostre caminhos para que a gestão do seu negócio potencialize os talentos da sua organização.

CAPÍTULO 1

Um novo olhar para novos tempos

Ao final da primeira década do século XXI, a Ambev desfrutava de um prestígio crescente entre as maiores companhias do Brasil. Sua ousadia, liderança corajosa e gestão implacável tinham transformado o modo de fazer negócios, acumulando admiradores e seguidores, mas também alguns críticos, mundo afora. De todo modo, os resultados extraordinários eram frequentes havia tempo o bastante para que sua história se inscrevesse como o caso mais bem-sucedido e inspirador do capitalismo brasileiro no último meio século. Era uma história que não se via todo dia.

O sucesso tornava-se conhecido para além da avenida Faria Lima, região de São Paulo onde fica o centro financeiro de grandes empresas e bancos, estampando reportagens cada vez que a companhia concluía um grande feito. Multiplicavam-se as notícias sobre aquisições, prêmios e os milhares de candidatos a vagas de trainee que anualmente lá tentavam ingressar na companhia.

Havia, ainda, o fascínio com as possibilidades da meritocracia. Quanto maior a responsabilidade – e a entrega de resultados –, maior a chance de ganho financeiro e de prestígio. Essa era a música que tocava já naquele tempo. Vez ou outra, essa música convivia com certo ruído.

Na verdade, era mais que um ruído. No entanto, a empresa realizava coisas tão grandiosas em um ritmo tão alucinante, fora dos padrões para qualquer época, que passou um tempo até que alguém se desse conta de que algo de errado acontecia.

Nessa época, o turnover da Ambev caminhava para os 20%, uma temeridade em qualquer cenário. O turnover é o indicador que mensura a rotatividade das pessoas em uma organização, e sua função é medir a capacidade da empresa de motivar e reter seus empregados, mantendo dentro de casa o conhecimento de que necessita. A saída dos melhores funcionários é sempre extremamente nociva aos resultados da companhia: abala o clima organizacional e a relação com *stakeholders*, causando impactos negativos em projetos e processos... E tudo isso gera muito desgaste na rotina do negócio.

No caso da Ambev, em algumas áreas, as perdas eram tantas e tão recorrentes que a sensação era de que não valeria a pena investir em recrutamento. Afinal, de que servia atrair, contratar e treinar gente se o funcionário sairia da empresa pouco tempo depois? Não seria um erro dizer que a Ambev estava treinando pessoas para outras empresas. Em paralelo, a eficiência operacional chegou a seus níveis mais baixos em toda a história.

Era um nó difícil de desatar – e terrivelmente custoso.

A estimativa, na época, era de que as perdas ultrapassavam 300 milhões de reais ao ano, atingindo o resultado da companhia no Brasil de modo brutal. No entanto, na outra ponta, com a apresentação das ações para todas as cervejarias da empresa, constatou-se que a redução do turnover e o aumento da produtividade geram economias que ultrapassam 1 bilhão de reais por ano.

Uma aliança de três décadas

Parceira da Ambev desde 1991, a Falconi participou da construção do arcabouço gerencial que auxiliou a companhia em seus voos estratosféricos, razão pela qual o prof. Vicente Falconi integra seu Conselho de Administração desde 1997. Ao longo desses anos, simultaneamente ao trabalho com a Ambev, a consultoria trilhou a própria trajetória de crescimento, tornando-se um centro de excelência no setor e atuando de modo relevante em mais de quarenta países, nos quais segue ajudando seus clientes a atingir resultados que parecem impossíveis.

Após um longo percurso e uma parceria de muitos anos, o caminho das duas empresas voltou a se cruzar em meio a um período profundamente crítico.

A situação impunha um desafio novo para ambas. A questão colocada era diferente de qualquer outra vivenciada pela Ambev e pela Falconi. Tratava-se de um problema cujos sintomas eram o turnover e a ineficiência operacional, combinação que custava centenas de milhões de reais. No entanto, os percalços começavam no chão de fábrica, mais precisamente no coração da operação – em Campo Grande, no Rio de Janeiro, a maior cervejaria da Ambev e a segunda maior no mundo.

Para compreender e, mais importante, reverter o mau resultado – um hiato nada trivial em uma história de sucesso –, era preciso aprofundar-se naquela realidade. Tal movimento exigia um novo olhar, já que não estávamos falando do topo da pirâmide da companhia, território no qual a meritocracia costumava ser uma espécie de alavanca capaz de abrir caminhos e gerar soluções para quaisquer problemas. Na cervejaria de Campo Grande, os desafios tinham outra complexidade. Todos os caminhos testados não davam certo.

Com diversos regulamentos para assuntos tão variados como processos técnicos, RH e logística, a Ambev não conseguia sair do lugar. E assim, a situação ia piorando. Em um dado momento, ao assistirem à piora do cenário, os operadores mais capacitados e com alta empregabilidade anteciparam-se e começaram a pedir demissão. Os demais,

O DESAFIO DO IMPOSSÍVEL

como costuma ocorrer nesse tipo de situação, prepararam-se para seguir na mesma direção.

Tomando consciência do tamanho do problema

Naquele momento, o crucial era ir além da tomada de consciência do pesadelo em que a companhia se encontrava. As lideranças da Ambev sabiam do problema e buscavam uma saída que trouxesse resultados extraordinários – e imediatos. Essa era a práxis entre os executivos. Falar em qualquer projeto com a perspectiva de retorno no médio ou no longo prazo invariavelmente soava como um disparate nas empresas, mas na Ambev em especial, era a receita para começar uma conversa que acabaria mal.

O subtexto nesse tipo de conversa era o seguinte: "Sonhar grande só é possível quando se enxerga lá na frente, mas, no dia a dia, o que conta é o trimestre".

O sinal amarelo piscou quando, em paralelo ao turnover em alta, o indicador de produtividade despencou à casa dos 60%, resultado muito aquém para uma companhia que prima pela excelência. Os custos de logística dispararam, mas ninguém conseguia explicar por quê. O que estava claro era que a fábrica em Campo Grande (que ainda não era chamada pelos operadores de cervejaria) tinha processos cada dia menos confiáveis. Assim, quando uma unidade fabril não produzia o que se esperava dela, era preciso recorrer a outra, causando o aumento no custo logístico.

Os problemas se sobrepunham e, ao nos aproximarmos deles, ficava cada vez mais claro que estavam correlacionados.

Observando um único elemento, não era possível formar um diagnóstico à altura da provocação escancarada que representavam

Após um longo percurso e uma parceria de muitos anos, o caminho das duas empresas voltou a se cruzar em meio a um período profundamente crítico.

O DESAFIO DO IMPOSSÍVEL

aqueles números negativos – e dissonantes de tudo o que a Ambev construía. Não se tratava de uma questão meramente financeira ou de gestão, tampouco de um percalço restrito à seara industrial e logística. Havia outro fator fundamental, porém ausente nas equações da Ambev e da Falconi, ao menos até aquele momento crítico do início dos anos 2010.

Fazer um diagnóstico adequado, encontrar soluções à altura do problema e executá-las de maneira sustentável – e perene – foram ações que exigiram a criação de uma nova cultura. Foi um processo de cinco anos (na verdade, um pouco menos, já que no quarto ano, um ano antes do previsto, as principais metas já tinham sido alcançadas, sobre o que detalharemos mais adiante).

Ficava claro que o foco deveria ser no fator humano.

Afinal, de que servia atrair, contratar e treinar gente se o funcionário sairia da empresa pouco tempo depois?

CAPÍTULO 2

A crise anunciada e a surpresa da demanda

problema começou a ganhar contornos desde 2008.

A crise, que se iniciou com o fechamento do Lehman Brothers, causou uma avalanche sobre os bancos estrangeiros e uma previsão terrível de crescimento para o mundo todo, inclusive para o Brasil. O prognóstico de 2009 era, de modo geral, muito negativo. Partindo dessa visão, que era muito forte na época, a Ambev usou o senso de urgência que lhe é peculiar e tomou precauções para evitar a catástrofe que se anunciava. A demanda no mercado de bebidas seguia em alta e os investimentos da companhia eram recordes.

Olhando em retrospectiva, a verdade é que esse prognóstico falhou totalmente. Para o Brasil, a crise de fato foi amena. Com isso, o negócio da Ambev não só não encolheu como acabou crescendo. Ao mesmo tempo, porém, a área industrial na cervejaria de Campo Grande vinha enfrentando muitos problemas nas linhas de produção e não tinha como se organizar na velocidade necessária para dar conta do novo ambiente de negócios. Havia a necessidade de liderança e de múltiplos conhecimentos, mas a estrutura estava aquém da demanda. A performance deixava muito a desejar.

Junto a isso, somavam-se outros problemas.

Por uma série de motivos, ao longo dos anos, a área comercial da Ambev foi ganhando uma importância desproporcional em relação aos outros departamentos. Toda vez que havia uma sinalização de que uma área era mais importante que outra, os talentos iam migrando para essa área com mais visibilidade. Isso acontecia especialmente com os trainees, que desembarcavam cheios de energia todos os anos.

Com o interesse majoritário (e crescente) das jovens lideranças pela área comercial, a atração e a retenção nas áreas industriais e de logística começaram a ficar difíceis em toda a companhia. Isso fragilizava ainda mais a situação na fábrica Nova Rio, cuja operação era diretamente impactada por aqueles que saíam. Em 2010, o número de pessoas interessadas nessas áreas estava abaixo da linha razoável. Isso porque, claro, a turma que chegava mirava em peso para o lado em que havia mais oportunidades de crescimento. Com isso, uma parte importantíssima da companhia ficou carente de talentos de liderança e de conhecimento técnico.

Uma chamada para toda liderança

Naquela época, as principais lideranças da Anheuser-Busch InBev e da Ambev sinalizavam ser necessário um novo olhar sobre os problemas de baixa eficiência.

Essas lideranças tinham passagens por diversas áreas da companhia no Brasil e no exterior (Estados Unidos, Canadá e América Latina), além de, em alguns casos, acumularem um profundo conhecimento da realidade das fábricas e dos assuntos da área de Gente.

O histórico mostrava que, toda vez que a companhia colocava foco em algum objetivo, seu poder de mobilização era tão intenso que, cedo ou tarde, as mudanças surgiam. O ponto nevrálgico dessa situação, diziam na época, era a volatilidade de uma organização com a complexidade e o tamanho da Ambev. Não tinham dúvida de que, com o time, logo sairiam daquela situação. No entanto, também estava claro que, pouco tempo depois, a fábrica voltaria à mesma crise se as estratégias utilizadas para encontrar a solução fossem as mesmas que a empresa já aplicava. O que havia funcionado no passado não os levaria para o futuro.

A avaliação partia do conhecimento de que, ao enfrentar graves problemas industriais, o progresso obtido rapidamente muitas vezes era perecível. O raciocínio por trás dessa preocupação era o seguinte: ao colocar energia na execução das soluções com foco no prazo imediato, logo a pior fase da crise passava, mas, pouco tempo depois, essa energia era retirada porque ninguém manteria um alto nível de atenção à raiz do problema por períodos muito longos quando este já estava superficialmente resolvido. Contudo, sem diagnosticar as causas que geravam o problema nem delas tratar, ele sempre acabava voltando.

Dessa consciência nasce o embrião do que viria a ser uma nova maneira de cuidar das pessoas na companhia.

O primeiro passo para fora da crise

A inquietação era de toda a liderança.

Pensou-se na época em uma mudança na forma de tratar o turnover e a queda da eficiência. O primeiro passo seria formar um grupo de líderes de áreas estratégicas da Ambev, entre os quais membros dos times industrial, corporativo e global. Pensava-se em gente com poder de mobilizar as engrenagens da companhia para valer. Além disso, haveria alguém com olhar "de fora" que ajudasse a repensar as questões por outra perspectiva. Era preciso reunir todos os *stakeholders* para que houvesse autoridade e agilidade na tomada de decisão.

O DESAFIO DO IMPOSSÍVEL

Nesse momento, foi feito o convite ao prof. Falconi para que participasse ativamente desse projeto. Assim, de uma tacada só, o Comitê de Gente nasceu com os principais tomadores de decisão da organização, incluindo o seu CEO, o chefe global de supply, o Vice-Presidente de Gente e Gestão e o prof. Vicente Falconi, um dos maiores consultores do país – este, não por acaso, conhecia a cultura da Ambev e era um membro do Conselho de Administração.

Juntaram-se ao grupo as principais lideranças das áreas corporativas e industriais da Ambev. Reunir essas pessoas foi o passo decisivo para o avanço desse projeto.

Não era reunião para marcar outra reunião. Era reunião para definir estratégias. Não tinha surpresa para ninguém. Havia uma postura aberta e disposta para olhar o problema com enfoque diferente do que se fazia até então.

Desde o primeiro encontro, nós, do time da Falconi, fizemos parte dessas reuniões e do esforço coletivo para a saída daquela crise. As reuniões eram presenciais e tomavam um dia inteiro. Não era nada trivial. Encerrados em uma sala, na Nova Rio, o CEO, vice-presidentes, diretores e gerentes se defrontavam com os dados e a análise da Falconi. Eram apresentados os problemas e as hipóteses e, em seguida, havia um *brainstorming* para trazer soluções. Além das análises preparadas previamente, o ambiente favorecia a diversidade de opiniões, considerando os conhecimentos e a experiência dos líderes presentes.

Como não havia espaço para hesitar, discutia-se para encontrar soluções, facilitar recursos e tomar decisões. Mesmo o CEO poderia ser questionado sem que isso trouxesse qualquer embaraço ou ressentimento. O clima era de diversidade e liberdade, movido por debates sustentados pelo modelo de Maslow e pela busca por respostas. Segundo a filosofia do professor, buscava-se "sempre ir na bola, nunca na canela", ou seja, o foco estava na solução, e não em buscar ou punir "culpados".

Não era reunião para marcar outra reunião. Era reunião para definir estratégias.

Os encontros tinham as seguintes atribuições: conhecer os resultados dos indicadores, propor direcionamentos a partir dos pontos críticos apontados pela liderança local, aprovar recursos para as ações, atuar nas interfaces, institucionalizar as políticas e práticas implantadas e garantir suporte à institucionalização das políticas e práticas bem-sucedidas, além de desenvolver iniciativas de âmbito corporativo.

Havia um cronograma fixo mensal para as reuniões e todas foram realizadas com disciplina ao longo do ano. Os líderes que estavam no exterior participavam algumas vezes até pelo celular quando havia dificuldade de conexão. Essa constância do primeiro nível de liderança nas reuniões sinalizava para todos o significado daquele projeto para a companhia. Nesses encontros, o prof. Falconi sempre lembrava os líderes de que estávamos lidando com um problema complexo e muito diferente de todos os outros até então. Eles tinham de ter coragem para mergulhar no desconhecido. Eram pessoas competentes e comprometidas, ávidas por solucionar aquele problema. Portanto, se ele persistia, é porque faltava conhecimento.

Em todas as reuniões o Diretor Regional, ou o Sponsor do Projeto, apresentava as ações executadas e seus resultados e trazia novos elementos do problema, com fatos e dados muitas vezes já analisados. Após o alinhamento do status do projeto, o Comitê de Gente fazia uma chuva de perguntas, dava sugestões e, assim, se dava um *brainstorming* com ampla liberdade para que todos contribuíssem. Outro ponto forte dessas reuniões é que o público presente tinha alçada para aprovar várias das ações, o que agilizava a execução e transmitia ainda mais credibilidade ao projeto. Estávamos todos aprendendo a trabalhar descobrindo o caminho. Nada fácil para os gestores de uma fábrica e nem para a consultoria. Embora chamássemos de reuniões, eram, na realidade, encontros de aprendizado e descobertas coletivas. Era tudo diferente. De uma maneira convencional, quando o CEO visita uma fábrica, o público é da alta liderança. No dia do Comitê de Gente, o público não era definido por posições hierárquicas, mas pelo aporte do conhecimento necessário aos assuntos debatidos naquela ocasião. Nós, da consultoria, estruturamos a arquitetura das análises, colocamos a mão na massa em toda a preparação e prestamos nosso apoio durante as reuniões, mas quem apresentava e assumia os compromissos era o time da cervejaria.

"A gente não tinha tempo para errar" era algo que se repetia na época. Assim, todo mês, religiosamente, esses encontros aconteciam na fábrica de Campo Grande. A visão compartilhada por todos era a seguinte: "Se era para fazer algo diferente, que fosse em um lugar onde ninguém tivesse dúvida de que a mudança seria efetiva. E, se aquilo fosse feito no Rio, poderia ser feito em qualquer lugar do mundo". Na época, a unidade Nova Rio era uma das maiores e mais complexas do mundo.

A fábrica Nova Rio foi escolhida por concentrar os maiores problemas enfrentados pela Ambev. Lá havia um grande contingente de insatisfeitos entre os então 1,4 mil funcionários, razão pela qual o turnover não parava de subir, disparando o alarme para as lideranças da companhia.

A Nova Rio era a vitrine máxima da Ambev.

O alinhamento entre todos os envolvidos e o comprometimento com os resultados mostraram que, enfim, parecia haver um caminho.

CAPÍTULO 3

Um salto em território pouco conhecido

Estávamos na contramão das recomendações clássicas para a solução de problemas.

A práxis é que as consultorias devem iniciar projetos de alta complexidade em um ambiente pequeno, com poucas variáveis e escopo altamente controlável. Muitos pensavam que o nosso trabalho deveria começar com o menor risco possível. Segundo esse raciocínio, se tudo desse certo, o projeto se estenderia para as outras unidades da Ambev; se desse errado, o estrago não seria significativo.

E lá estávamos nós, na maior cervejaria da América Latina, nos embrenhando em uma fábrica de 240 mil m², com quinze linhas de produção que produziam 25 marcas, onde aproximadamente 3 mil pessoas circulavam todos os dias. A planta era responsável por 14% de todo o volume produzido pela Ambev; o volume saído dali representava 90% de tudo o que a companhia vendia no Rio de Janeiro.

Para completar, a fábrica escolhida para iniciar o projeto já tinha feito diversas tentativas de resolver o problema da queda e da instabilidade de eficiência – todas elas frustradas.

O foco, anteriormente, estava nos aspectos técnicos, nos indicadores de produtividade, ou seja, eles se esforçavam para melhorar aquilo que já conheciam. Se eram tantas iniciativas e tantos esforços, mas os resultados não se sustentavam, era porque não estavam atacando as causas corretas. Era um forte sinal de que os motivos que faziam os problemas persistirem eram de outra natureza.

No início de 2011, a eficiência das linhas da Ambev estava na casa de 60%, e as quedas se acumulavam nos últimos dois anos. Nesse período, a Falconi foi convidada a realizar um diagnóstico detalhado para avaliar a aderência da fábrica às práticas de gestão da rotina diária. Tal metodologia, denominada Gerenciamento da Rotina do Dia a Dia (GRD), desenvolvida e validada pela Falconi, já havia sido utilizada amplamente por vários anos em outros clientes. Foi uma imersão de umas quatro semanas na fábrica para coletar e vivenciar em campo o dia a dia dos funcionários, recolhendo e analisando os resultados quantitativos, depoimentos dos funcionários e observações dos consultores. Ele indicava que estávamos em um território com muitos percalços.

Ao analisarmos a adesão a práticas já existentes para a melhoria e a sustentação de resultados, a Ambev atingiu apenas 48%. Não foi fácil fazer a cervejaria aceitar esse diagnóstico, pois as autoavaliações internas – e mesmo a auditoria central da área industrial – mostravam índices bem mais altos, na casa de 70%, e este não era coerente com os resultados da fábrica nos últimos tempos. O diagnóstico realizado pela Falconi demonstrou a importância de uma avaliação externa para fornecer à organização um quadro isento da situação, permitindo que ela conhecesse as causas reais e atuasse com eficiência sobre os resultados ruins.

O GRD é um sistema de gestão das operações e compreende dois subsistemas: o de melhoria de resultados, chamado PDCA, e o de sustentação das melhorias alcançadas, denominado SDCA. Os percentuais apresentados nos gráficos a seguir representam a aderência da cervejaria do Rio de Janeiro aos padrões recomendados de GRD, na comparação realizada conforme a metodologia Falconi:

UM SALTO EM TERRITÓRIO POUCO CONHECIDO

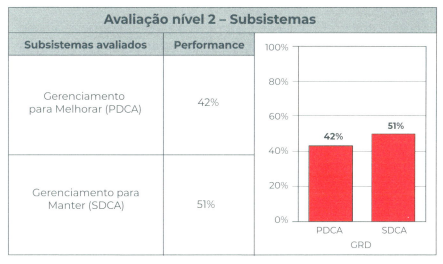

Gráficos 2 e 3: Resultados das avaliações à adesão das práticas de gestão realizadas pela Falconi na cervejaria Nova Rio em 2011.

Nesse processo de avaliação, foram levantados dados que permitiram desdobrar os indicadores de eficiência operacional, turnover e absenteísmo. Era um passo importante para que tivéssemos maior clareza de onde estávamos.

No que dizia respeito ao turnover, os dados de 2010 indicavam 16,2% e, em algumas funções técnicas, como manutenção, esse valor ultrapassava 20%. A fábrica trabalhava para evitar um percentual superior no ano seguinte.

Além disso, nas entrevistas iniciais com 75 funcionários, surgiram relatos que chocaram os consultores. Alguns operadores nos diziam, sem cerimônia, que eles realmente não se esforçavam no dia a dia da fábrica, pois sabiam que não seriam demitidos. Pairava nesses ambientes a certeza de que os supervisores eram reféns da contenção do turnover, fazendo o possível e o impossível para não perder mais ninguém a fim de minimizar os impactos negativos na meta que deveriam cumprir. Contudo, embora essa postura reduzisse a falta de comprometimento e o baixo desempenho geral, os profissionais mais empenhados se sentiam prejudicados, pois também não tinham clareza do caminho a seguir para obter promoções e reconhecimento.

Assim, sem instrumentos efetivos, a meritocracia, um alicerce da Ambev, estava seriamente ameaçada no nível operacional da companhia.

O desafio visto de perto

Sempre utilizamos um indicador-chave para expressar um problema.

Neste caso, o nosso foco inicial estava na *eficiência de linha*, indicador que demonstra a performance de uma planta fabril.

A análise da eficiência exige uma compreensão minuciosa dos motivos pelos quais a produção na fábrica era frequentemente

Nesse processo de avaliação, foram levantados dados que permitiram desdobrar os indicadores de eficiência operacional, turnover e absenteísmo. Era um passo importante para que tivéssemos maior clareza de onde estávamos.

interrompida. O ideal de qualquer empresa de manufatura é produzir o maior volume de um item no menor tempo possível, sem intervalos. Logo, seria preciso medir a produtividade e relacioná-la aos recursos aportados na operação, além de analisar as razões das paradas não programadas.

O alcance da meta de *eficiência de linha* depende essencialmente do funcionamento normal das suas operações primordiais, atingindo a produção do volume planejado – sem falhas e gargalos ou outros problemas de qualidade.

O que tínhamos diante de nós era uma perda significativa em três indicadores:

1. **Disponibilidade**;
2. **Qualidade;**
3. **Desempenho.**

O primeiro deles (disponibilidade) mede o tempo que os equipamentos funcionam sem interrupções por motivos de quebra, falha, preparação e troca de ferramentas, entre outros. O segundo (qualidade) aponta o percentual de aprovação do que foi produzido segundo as especificações da fábrica e do setor. O terceiro indicador (desempenho) é uma síntese dos anteriores, pois considera as variações de desempenho, a falta de materiais, a espera ou o bloqueio, a falta de pessoal etc.

Para obtermos um primeiro retrato, iniciou-se uma varredura de janeiro de 2006 a julho de 2011. Assim, tivemos o histórico do indicador com suas variações, conforme observado no gráfico a seguir.

UM SALTO EM TERRITÓRIO POUCO CONHECIDO

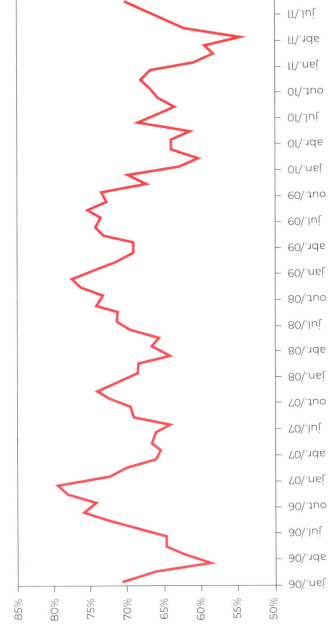

Gráfico 4. Histórico da Eficiência de Linha Fabril da Cervejaria Nova Rio.

A curva no indicador de eficiência da fábrica era bastante eloquente. Nela, estava explicitado o comportamento instável da operação, além da inexistência de algum momento de estabilidade nos períodos em que havia uma melhora na performance. Se observada uma melhora, o bom resultado não se sustentava no médio prazo. Após o esforço para melhorar os resultados, registrava-se uma alta dos indicadores, mas logo estes despencavam; por isso, os gráficos lembram um serrote, conforme o gráfico a seguir.

Saber que a eficiência estava aquém do desejável e que era instável – inclusive nos seus melhores momentos – era importante, mas estava longe de ser o suficiente. Assim, surgiu a necessidade de novas pesquisas para compreender tamanha oscilação.

A pulga estava atrás da orelha: por que a fábrica alcançava picos de boa performance, porém não conseguia manter a operação nesse patamar?

Desde o princípio, enxergamos essa constante oscilação como algo muito preocupante. Ao longo de anos, esse movimento corroía os bons resultados e, de forma perniciosa, incorporava-se ao processo. Como costuma ocorrer nesses casos, as pessoas da organização se adaptavam ao sobe e desce e passavam a achá-lo natural.

Em certo ponto, começamos a decompor a curva em pedaços menores, buscando por outros indicadores que demonstrassem a correlação com os ciclos de desempenho. Após vários exames, começou a se delinear uma pista.

Alguém brincou: "Vamos fazer uma acareação da *eficiência de linha* com o turnover para ver como eles se comportam juntos".

UM SALTO EM TERRITÓRIO POUCO CONHECIDO

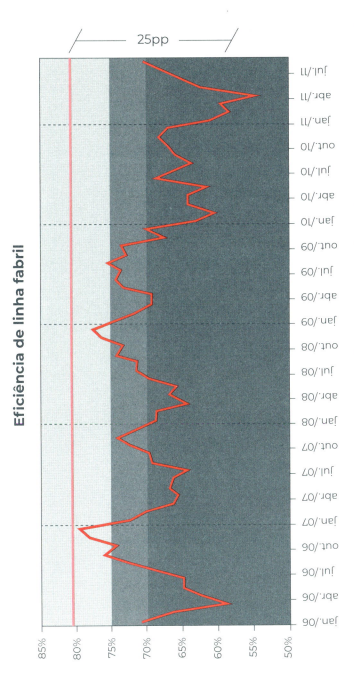

Gráfico 5: Histórico de eficiência de linhas industriais da Nova Rio entre 2006 e 2011, que demonstra que as melhorias obtidas por forças-tarefa não eram sustentadas. A primeira faixa (acima de 75%) indica nível de excelência operacional; a segunda (70% a 75%), bom desempenho; a última (abaixo de 70%), desempenho abaixo do desejado. A indicação de 25 pp. é a amplitude de eficiência operacional que a fábrica da Nova Rio alcançou no período de cinco anos. Amplitude alta para operações de fábricas não é boa, pois indica instabilidade operacional, fator que é fatal para a produtividade e para os índices de eficiência. Elevar a eficiência fabril para os níveis mais escuros e manter menor amplitude eram os objetivos do nosso projeto.

O DESAFIO DO IMPOSSÍVEL

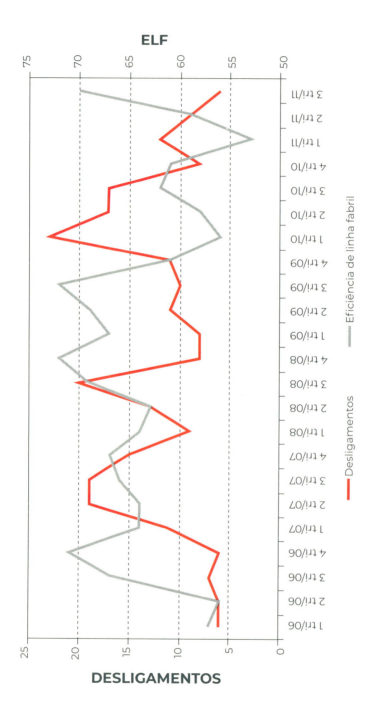

Gráfico 6: Relação entre o turnover (vermelho) e a eficiência de linha fabril (verde-claro).

Um dos maiores inimigos do processo é a instabilidade dele.

Assim, pudemos ver os dois indicadores juntos, na mesma linha do tempo, e fazer uma análise intensa com a ajuda de um modelo estatístico. Por fim, encontramos uma correlação de 83% entre o aumento de turnover e a redução de *eficiência de linha* na fábrica do Rio de Janeiro. Era mais um passo importante rumo a uma solução.

Em função dessa correlação, o turnover foi selecionado como o item para tratamento prioritário. O turnover é um desses indicadores cuja variação pode ser erroneamente entendida por muitas empresas como algo natural. No entanto, ao ser medido e analisado de perto, surpreende pelos seus estragos. Existem os custos mais visíveis ou óbvios, tais como recrutamento e treinamento de pessoal, e aqueles que dão mais trabalho para serem descobertos, pois sua correlação com o turnover não é tão direta. No caso da Ambev, os custos envolviam gastos extras com operações logísticas entre fábricas ou centros de distribuição da empresa, além de custos industriais variáveis, decorrentes da ineficiência. Isso ocorria porque, ao não cumprir suas metas, a cervejaria Nova Rio frequentemente tinha de recorrer a outras fábricas para atender a seus pedidos. Devido a esse primeiro problema, superava, inúmeras vezes, os custos previstos.

Sabíamos, por experiência da própria consultoria, que é impossível manter um bom gerenciamento da rotina operacional com turnover acima de 6% ao ano. Índices de turnover que ultrapassam esse nível tornam difíceis a retenção do conhecimento sobre a operação dos processos e o treinamento das pessoas, além de reduzirem drasticamente a capacidade do time de resolver problemas. Como citamos anteriormente, a realidade ali era de 16,5%. O impacto disso é na rotina dos operadores, uma vez que aprendem sobre as peculiaridades dos processos e adquirem, com o tempo, um conhecimento muitas vezes difícil de ser explicitado. É o chamado conhecimento tácito, adquirido no dia a dia e que, uma vez acumulado, dá aos funcionários a experiência necessária para solucionar as falhas do processo, evitar paradas não programadas e, ao final, obter resultados mais sustentáveis. Um dos maiores inimigos do processo é a sua instabilidade. O turnover é um inimigo cujos estragos as empresas demoram para perceber. Ele leva para fora o conhecimento, e a empresa, ao fazer a reposição, tem de aguardar o tempo necessário para que o novo funcionário aprenda. Sem o conhecimento tácito, os problemas crescem e os resultados decrescem.

CAPÍTULO 4

A ciência na fábrica de cerveja

"Todo mundo cita Maslow, mas quase ninguém leu a sua obra mais importante", costuma dizer o prof. Falconi quando o assunto é a celebrada obra do psicólogo norte-americano Abraham Maslow (1908–1970). Maslow impactou significativamente o desenvolvimento organizacional, a educação e a assistência à saúde. Ao contrário das correntes psicológicas da época, seu foco era na saúde, e não nas patologias; na coletividade, e não no indivíduo. Ele estudou as necessidades humanas, fornecendo ao mundo uma base científica sobre a qual se apoia a maior parte dos estudos sobre motivação. Maslow concluiu que os seres humanos possuem uma variedade de necessidades cuja importância relativa muda de acordo com o nível de satisfação, mas que permanecem, variando apenas a intensidade de como se manifestam.

Em *Motivation and Personality*[1] ["Motivação e personalidade", em tradução livre], Maslow faz um mergulho no que chama de "as cinco categorias das necessidades humanas". Estamos falando das necessidades fisiológicas, de segurança, pertencimento, estima e autorrealização. Trata-se de um modelo sofisticado que, muitas vezes, é banalizado em contextos dos mais diversos. Muitos acreditam ser uma pirâmide, o que é um tremendo equívoco, já que as necessida-

1 MASLOW, A. H. Motivation and Personality. 3. ed. New York: HarperCollins, 1987.

des se entrecruzam, influenciam e sobrepõem permanentemente, não havendo uma hierarquia entre elas. Apesar das simplificações, a teoria segue sem igual na abordagem da dinâmica de grupos.

Diz o professor:

> Por volta de 1990, em uma época em que não existia o e-commerce de livros da Amazon, eu estava viajando com minha mulher e minhas duas filhas pela Califórnia. Decidimos entrar em uma livraria da Universidade Stanford. Eu adorava ir a livrarias das universidades americanas. Nós aproveitávamos a visita e depois almoçávamos no restaurante do campus. Em todas as livrarias, eu perguntava se havia o livro de Maslow. Os japoneses, com quem eu tanto aprendera, eram afiados em Maslow, o que ajuda a explicar por que as suas empresas têm turnover zero. Acabei encontrando o livro. Ganhei a viagem! Comprei a obra e estudei três vezes. É um livro muito denso. Sublinhei com lápis da primeira vez, com uma caneta marca-texto da segunda e com uma caneta vermelha na terceira (depois que fazemos a primeira leitura, outras coisas passam a ser importantes). O que Maslow propôs é muito parecido com o que lemos na teoria freudiana, só que Freud segue uma linha de análise individual e Maslow desenvolve o tratamento de grupos de pessoas. Apesar disso, o objetivo é o mesmo: melhorar a saúde mental. A abordagem maslowiana é um tratamento psicológico do grupo. A ideia subjacente a sua teoria é aquela segundo a qual, atendendo a um conjunto de necessidades humanas, a saúde psicológica do grupo melhora. Este se torna emocionalmente mais saudável, pronto para aprender e para colaborar. E mais feliz.

As ideias acerca de Maslow faziam parte do repertório do professor e serviam de combustível a muitos debates que ele promoveu com parte da equipe da Falconi ao longo de anos. A partir dos anos 1990, o prof. Falconi formou um grupo para estudar Maslow, sempre aos sábados pela manhã – fosse para pensar um problema específico de um cliente, fosse apenas como exercício de reflexão. Embora o *case* Ambev tenha sido o de maior abrangência e impacto nos resultados, esse grupo de consultores da Falconi utilizou os fundamentos de Maslow nos projetos de várias empresas, principalmente para nortear os diagnósticos. Esses conhecimentos foram aplicados na própria Falconi para estruturar a árvore do Sistema de Gestão de Gente, a fim de definir os indicadores e planos de ação para desafiar as pessoas de acordo com o seu potencial, reconhecê-las de maneira mais objetiva e entender melhor a saúde mental dos colaboradores. Naquela época, a Falconi também criou o Comitê de Gente, o qual ainda mantém ativo para discutir e decidir os assuntos de Gente em um nível estratégico.

Essas experiências foram consolidando a certeza de que os problemas relacionados às pessoas não poderiam ser resolvidos apenas com o método que utilizávamos até então. De vez em quando, ao conversar com alguém da Anheuser-Busch InBev sobre eventuais problemas com os funcionários das fábricas brasileiras, especialmente a Nova Rio, o prof. Falconi se certificava de que deveríamos utilizar os fundamentos de Maslow.

A respeito desses diálogos, vale a pena fazer um breve parêntese.

Tal ambiente de trocas e de liberdade para expor os problemas de forma franca é uma das principais virtudes na relação entre as duas empresas.

O prof. Falconi conquistou esse espaço ao trabalhar ao lado da Ambev para estabilizar os processos, padronizar os produtos e otimizar os gastos. Por outro lado, ele havia absorvido da Ambev o foco financeiro. Humildemente, dizia que a primeira vez que ouvira falar de EBITDA (sigla em inglês para lucros antes de juros, impostos, depreciação e amortização) foi em uma das reuniões do conselho da Brahma. Da troca baseada em fatos, experiência e disposição para promover debates difíceis quando necessário nascia a força para enfrentar os problemas.

Estava claro para ambos que o problema era essencialmente relacionado ao fator humano. E, o mais importante, a Ambev reconhecia sua gravidade.

O método e o calendário das grandes mudanças

Tão logo aceitou o convite para participar do Comitê de Gente, o prof. Falconi sugeriu seguir Maslow sistematicamente, combinando-o ao método de solução de problemas PDCA (Planejar, Executar, Checar e Agir), originado pelos conceitos cartesianos (Descartes) e popularizado pelos professores norte-americanos Edward Deming e Joseph Juran, que o utilizaram para dar sentido aos dados estatísticos relacionados aos problemas do Japão pós-guerra. Esse método, didaticamente explicado pelo prof. Falconi em seus livros e aplicado nas organizações públicas e privadas do Brasil e do mundo, vem demonstrando há décadas a força de sua simplicidade na obtenção de resultados excepcionais e no aprendizado.

Tomando como referência o modelo de Maslow, foram mapeados e avaliados todos os fatores nas várias categorias, as quais, por sua vez, foram associadas às dimensões adotadas pela empresa, e estas desdobradas em itens com seus respectivos programas. A ideia era partir das cinco categorias de necessidades humanas e desdobrar o trabalho a partir delas. Os passos seguintes seriam fazer um diagnóstico, aprofundar-se nos problemas e começar um plano de ações para reverter a situação.

A figura 1, a seguir, demonstra a associação das cinco necessidades fundamentais de Maslow com dimensões, critérios, políticas e programas da empresa. Essa árvore foi muito importante para

A CIÊNCIA NA FÁBRICA DE CERVEJA

A. H. Maslow: Cinco necessidades fundamentais dos seres humanos	Dimensão		Critérios		Programas e iniciativas
Saúde mental: indivíduo satisfeito e motivado com o trabalho			1.1.1	Remuneração fixa	Política de remuneração
	1.1	Salário e benefícios	1.1.2	Benefícios	Ex.: Plano de saúde
					Ex.: Vale-alimentação
					Ex.: Uniformes
	1.2	Moradia	1.2.1	Fomento/ Fornecimento de moradia	Existência de programa de moradia para funcionários
			1.2.2	Distância de casa	Avaliação da satisfação do empregado com o respectivo critério
1 Fisiológicas	1.3	Lazer	1.3.1	Gestão de férias	Avaliação da satisfação do empregado com o critério
			1.3.2	Programação de folgas	Avaliação da satisfação do empregado com o critério
			1.3.3	Áreas de lazer familiar e no ambiente de trabalho	Exs.: Existência de convênios com clubes, hospedagem de férias, áreas de descanso para os períodos pós-refeições etc.
	1.4	Saúde ocupacional	1.4.1	Ergonomia	Programa de avaliação e de melhoria das condições ergonômicas, Avaliação com mapa de riscos
			1.4.2	Alimentação no local de trabalho	Avaliação da satisfação do empregado com o critério
			1.4.3	Vestiário	Avaliação da satisfação do empregado com o critério
			1.4.4	Condições ambientais: ruído, calor, vibração, iluminação	Programa de avaliação e de melhoria das condições do ambiente de trabalho, avaliação com mapa de riscos
	1.5	Transporte	1.5.1	Distância casa e o local dos ônibus	Avaliação das rotas do transporte
2 Segurança	2.1	Segurança do trabalho	2.1.1	Condições inseguras	Análise de risco/ Programas de melhoria
			2.1.2	Recursos de trabalho	Exs.: Ferramentas, EPIs, normas de uso
			2.1.3	Comportamento seguro	Rotas de inspeção de segurança, treinamentos de segurança, incentivo ao uso de EPIs, reconhecimento para as áreas sem acidentes
	2.2	Estabilidade no emprego	2.2.1	Reduções de quadro de pessoal (QLP)	Programa de demissões sazonais
			2.2.2	Empregabilidade	Capacitação e desenvolvimento
			2.2.3	Mobilidade organizacional	Transferências geográficas

O DESAFIO DO IMPOSSÍVEL

A. H. Maslow: Cinco necessidades fundamentais dos seres humanos	Dimensão	Critérios	Programas e iniciativas
2 Segurança	2.3 Estabilidade, entendimento e controle dos padrões de mudanças do ambiente	2.3.1 Implementação das mudanças	Gestão de mudanças
	2.4 Comunicação	2.4.1 Transparência na informação	Avaliação da satisfação com a comunicação
3 Pertencimento social	3.1 Trabalho em equipe	3.1.1 Cooperação para resultados	Equipes de melhoria contínua / Grupos de melhoria de resultados (grupos de PDCA)
	3.2 Sentimento de dono	3.2.1 Aderência a valores da empresa	Projetos interfuncionais / Avaliação da satisfação do empregado com o critério e inclusão dos valores nas avaliações de desempenho
		3.2.2 Comprometimento	5S: Ver 4 perguntas específicas / Delegação de autoridade (ex.: Manutenção autônoma) / Células autogerenciadas / Participação dos líderes na seleção de suas vagas
		3.2.3 Comunicação corporativa	Eventos/canais com as principais lideranças, jornal/revista destinados ao público interno, endomarketing
	3.3 Interação social	3.3.1 Interação com colegas em atividades fora do ambiente de trabalho	Exs.: Time de futebol da empresa/Seção, campeonato no clube da empresa
		3.3.2 Participação em atividades sociais voluntárias	Exs.: Ações de responsabilidade social com participação voluntária de empregados
4 Estima	4.1 Sonhar grande	4.1.1 Metas desafiadoras	Ex.: avaliar o nível de alcance de metas, Programa de Bônus de Longo Prazo (ex.: opção de compra de ações)
	4.2 Reconhecimento	4.2.1 Exposição	Ex.: participação em reuniões de nível superior, funcionário destaque do mês, representar a empresa em eventos externos, etc.
			Programa de Captação de Ideias
		4.2.2 Premiação por desempenho excepcional	Programa de benchmark interno ou boas práticas

Saúde mental: indivíduo satisfeito e motivado com o trabalho

A CIÊNCIA NA FÁBRICA DE CERVEJA

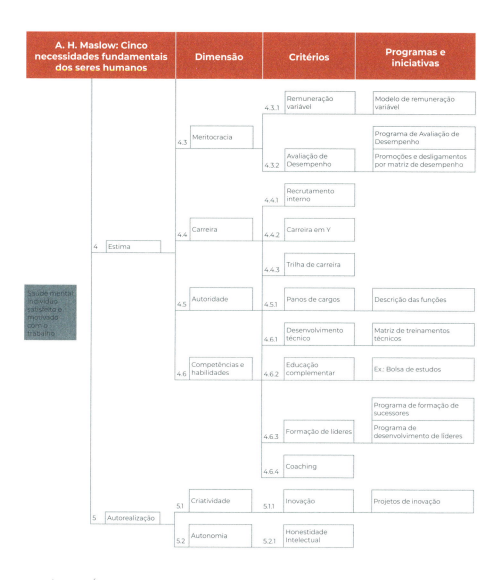

Figura 1. Árvore das necessidades.

organizar a coleta de dados e, assim, facilitar a análise. É nesse ponto que os modelos convergem e endereçam o enfrentamento do desconhecido em busca das melhorias necessárias. Ainda foram elaboradas pesquisas específicas para coletar as percepções dos empregados sobre o impacto das políticas e ações sobre as suas necessidades. Na primeira coluna, registramos as necessidades de Maslow; na segunda, o desdobramento; e, na terceira, os itens correspondentes.

De imediato, ficou claro que seria preciso trabalhar em centenas de causas. As pessoas ficavam insatisfeitas por vários motivos, muitos deles bastante óbvios, como a falta de clareza sobre os passos a serem percorridos para ser promovido. No entanto, havia também aqueles difíceis de capturar. Por exemplo: uma turma estava insatisfeita porque não tinha sinal de celular na fábrica. Assim, quando alguém adoecia na família, o funcionário passava o dia todo sem notícias e angustiado. Seria preciso contratar uma empresa, fazer uma torre e instalar equipamentos com sinal. Tudo isso levava tempo e demandava recursos. Não eram coisas para serem feitas da noite para o dia.

Já nos preâmbulos do projeto, podíamos confirmar algo óbvio, mas de difícil apreensão: lidar com o ser humano é sempre um desafio, e qualquer ideia nova, seja ela boa, ótima ou excelente, exige um longo período de adaptação, perseverança, convencimento e acompanhamento da adesão. Sobretudo quando é proposta uma mudança cultural que impactará um grande número de pessoas.

O problema conseguia a proeza de ser, a um só tempo, corriqueiro e bastante sorrateiro. Para os líderes da Ambev e para o professor, cristalizou-se a ideia de que, na busca por uma transformação no ambiente e na cultura da fábrica, seria necessário fazer algo sem precedentes na organização. Seus olhos não poderiam

Lidar com o ser humano é sempre um desafio, e qualquer ideia nova, seja ela boa, ótima ou excelente, exige um longo período de adaptação, perseverança, convencimento e acompanhamento da adesão.

estar apenas no trimestre, no semestre, nem mesmo no próximo ano ou nos próximos dois ou três anos.

Diz o professor:

> Em março de 2007 nós, do conselho da Ambev, fomos a Bruxelas nos reunir com o conselho da InBev. Era uma reunião com todos os diretores de RH das empresas de cerveja, além de alguns especialistas. Perguntou-se naquele dia quanto tempo seria necessário para mudar a cultura de uma organização. Além do Brasil, o Leste Europeu estava apresentando alguns problemas de cultura para a InBev. Discutiu-se sobre isso o dia inteiro, até chegarmos à conclusão de que seriam necessários sete anos. Ao sair da sala, uma liderança importante da área de gente e gestão virou e me disse: "Nós podemos fazer isso em cinco anos".

Se a gestão baseada em fatos e dados tem tornado as soluções mais assertivas, as decisões mais justas e reduzido os gastos com tentativas e erros, por que não a aplicar aos problemas da área de gente? Todos de acordo que o método poderia ser utilizado, arregaçamos as mangas e fizemos as clássicas perguntas de partida: "Qual o problema? Qual a meta?".

Uma meta impossível

Pensar em uma meta tão distante era um desafio tremendo na época não apenas por causa da natureza dele – baseado em questões humanas com alta carga subjetiva – e do período necessário para implantar as ações e obter resultados. O imbróglio também estava na formulação do que seria o cenário ideal.

Quando o professor sugeriu que o turnover, então em 16%, chegasse a 6%, e a produtividade, na casa dos 60%, atingisse 80%

no prazo de cinco anos, aquelas metas soaram irreais. Houve uma grande resistência, sobretudo em relação à produtividade.

O argumento de alguns experts insistia não haver no mundo uma fábrica de grande complexidade que atingisse indicador acima de 75%. O debate do projeto em torno das metas se estendeu por algum tempo. Ele marcava a fronteira entre o que poderia ser considerado um bom resultado, com uma melhora significativa na produtividade, e uma verdadeira revolução na cultura da fábrica.

Na manhã de 29 de abril de 2012, após seguir sua rotina de acordar às 4 horas da manhã e ler os jornais, o prof. Falconi enviou aos membros do projeto um e-mail com o título *A Healthy Disregard for the Impossible* [algo como "Um desprezo saudável pelo impossível", em tradução livre].

O e-mail dizia o seguinte:

Queridos amigos,
Bom dia!

Hoje está fazendo um dia glorioso em Belo Horizonte, desses que dá prazer em estar vivo e com saúde para desfrutar!

Acordei pensando em nosso projeto e na Nova Rio. Em nosso último encontro no Rio, um pequeno grupo conversou um pouco sobre as nossas metas de cinco anos à margem da reunião. A conclusão é de que será difícil atingi-las, senão impossível, pela velocidade dos equipamentos da fábrica.

Hoje de manhã, lendo o *NYT*, vi uma expressão do Larry Page, da Google, que se encaixa como luva no nosso caso:

"Larry Page recentemente prometeu um desprezo saudável pelo impossível".

Para que tenhamos verdadeira satisfação de enfrentar a tarefa que temos no Rio, precisamos sonhar e desafiar o impossível. Confesso que não teria tanto prazer com esse projeto se não tivesse o sonho de buscar o impossível. Para chegar lá temos que ter fé (ausência de dúvidas!) em nossa rota e no que estamos fazendo. Estamos começando a trilhar este caminho de cinco anos e estarei presente em todas as reuniões se tiver vida e saúde. Tenho certeza absoluta de que superaremos nossas metas e teremos a alegria de difundir essas práticas em todo o mundo. No entanto, temos que estar prontos para mudar as crenças e práticas que nos levaram aos resultados ruins. Isso poderá exigir de nós humildade e vontade de aprender. Temos que passar a valorizar, genuinamente, a contribuição de cada ser humano, não importando seu cargo.

Nosso sonho é:

Eficiência de linha ≥ 80% estável em 2017.

Turnover total ≤ 6% estável em 2017.

Ao longo do caminho melhoraremos sempre e nunca olharemos para trás.

Não consigo deixar por menos.

Abraço,

Vicente Falconi

Chegar aos 6% de turnover em cinco anos era mais um sonho do que uma meta. No entanto, o que é um sonho sem data marcada? E isto cabia perfeitamente na frase de um dos fundadores e que estava ganhando força na Ambev: sonhar grande dá o mesmo trabalho que sonhar pequeno. A partir daquela reunião em que foram cravados a meta e o prazo, os planos de ação ganharam mais força, e o senso de urgência se estabeleceu. Todos sabíamos o poder multiplicador de uma meta alcançada na segunda maior fábrica do mundo, com os piores resultados e ambiente desfavorável.

A metodologia híbrida e complementar da ciência da gestão e do comportamento nos fez utilizar como referência um modelo que combinava a meta, ponto crucial do método PDCA, com elementos do comportamento humano preconizados por Maslow. Esse modelo considera que uma melhoria só começa quando a demanda está clara e aceita. Sem necessidade não há movimento. O modelo que mostraremos a seguir se inicia por essa demanda decifrada e codificada por uma meta. A meta nasce da constatação de uma situação que está ruim e do desejo coletivo de transformá-la. Ela é, portanto, uma representação da vontade coletiva em avançar para outro patamar.

Se todos queriam melhorar os resultados, o que estava impedindo o ponteiro de mudar? Esse modelo representa o ponto de convergência entre Maslow (modelo comportamental) e o PDCA (modelo cartesiano de gestão).

Costumamos representar essa convergência utilizando um tubo. A DEMANDA é a necessidade identificada e aceita por todos. É ela que puxa todo o fluxo e faz todos os meios e recursos terem sentido. Se Maslow trata a demanda como o estado de busca, de insatisfação, o PDCA a converte em uma meta para que os avanços sejam mensurados e permitam que as pessoas fiquem satisfeitas com o esforço feito ou atuem redirecionando as ações para alcançá-la. A meta de 6%, portanto, era impossível se levássemos em conta o histórico da unidade. Ela, porém, se tornou extremamente motivadora ao considerarmos que havia um compromisso firmado entre pessoas de elevada competência e capacidade de decisão. Uma vez que a meta foi formalizada, as fontes do conhecimento formadas pela consultoria e grupos da empresa puderam se dedicar à pesquisa da força número 4, relacionada à motivação (ou saúde mental). Sabíamos que se todos queriam combater o problema persistente e não conseguiam era porque faltava conhecimento – e este precisava passar pelas duas válvulas que interrompiam o fluxo. Priorizamos a válvula da motivação (saúde mental), pois ali estavam as necessidades humanas que precisavam ser identificadas e discutidas buscando soluções coletivas para satisfazê-las. Se essa válvula continuasse fechada, por melhores que fossem a consultoria e o potencial mental do time, a meta não seria alcançada. O estudo e a atuação sobre a saúde mental teriam de ser corretivos e preventivos para não apenas baterem a meta ao longo de cinco anos, mas também sustentá-las. Simultaneamente, seria necessário cuidar da porta de entrada, atraindo pessoas com perfil adequado, empreendedor e dinâmico, que sonhassem grande e que estivessem dispostas a compartilhar da mesma cultura para realizarem a visão "vamos juntos construir um mundo melhor".

A CIÊNCIA NA FÁBRICA DE CERVEJA

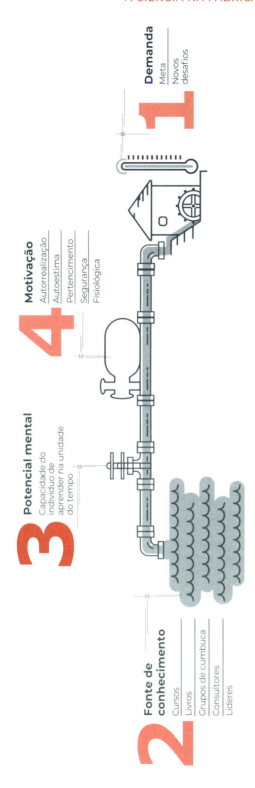

Figura 2. Ilustração inspirada na representação elaborada pelo autor Vicente Falconi em seu livro *O verdadeiro poder*, baseado na Teoria de Maslow.

MASLOW, A. H. **Motivation and Personality**. 3. ed. New York: Harper Collins, 1987.

CAPÍTULO 5

As várias faces do problema

A maior cervejaria da América Latina e a segunda maior no mundo tinha problemas de sobra. Para onde quer que se olhasse, havia algo a ser melhorado.

Ao longo dos anos, suas necessidades básicas recebiam atenção aquém do necessário e a experiência dos funcionários muitas vezes não era tão agradável. Os ambientes não refletiam a excelência pregada – e executada – pela Ambev em todas as esferas da companhia. Assim, havia oportunidades para melhorias em refeitórios, vestiários, meios de transporte e ambientes da fábrica. A rotina naquele espaço físico deixava a desejar por vários motivos, um deles especialmente frustrante: perdia-se a chance de fazer daquele local um fator de incentivo e retenção dos funcionários.

Os problemas tinham várias faces. A falta de organização no acesso a ferramentas e peças essenciais era parte da rotina de quem trabalhava nas máquinas. Os equipamentos de segurança existiam, mas não eram usados devidamente e, na ausência de um acompanhamento mais de perto, muitos os deixavam guardados no armário. A falta de cuidado às vezes provocava acidentes que podiam ter sido evitados.

De todos os problemas, havia uma série de entraves especialmente delicados – e repetitivos – na gestão da área de gente. Eles podiam surgir na suspensão, em cima da hora, das férias de um técnico que conhecia profundamente, mais do que qualquer colega, um equipamento parado de maneira inesperada por causa de algum defeito. Tal paralisação gera um efeito desestabilizador em qualquer fábrica, pois representa perda de dinheiro em volume monumental. Na Ambev, não era raro um único funcionário deter um conhecimento muito importante sobre como corrigir uma falha nas máquinas.

Havia uma forte lacuna na liderança das pessoas e gestão dos recursos. Um dos exemplos mais emblemáticos disso era a falha no planejamento de férias do pessoal. A experiência do time não era balanceada nesse planejamento. Nos meses de dezembro, janeiro e fevereiro, festas de fim de ano e Carnaval, funcionários mais velhos de casa tiravam férias. Acontece que, nesse período, temos o ápice do consumo de cerveja no Brasil. Trata-se, portanto, do trimestre mais importante para a companhia, e era justamente quando a média de anos de experiência do time caía drasticamente. Isso se refletia na produtividade e nos problemas operacionais que ocorriam. Mesmo os que tiravam as férias nesse período não ficavam tranquilos para curtir o descanso com a família, pois não era incomum serem chamados à fábrica a fim de ajudar a resolver algum problema mais grave que o time menos experiente não conseguia resolver.

Por fim, um dos grandes geradores de angústia era a política de remuneração e promoções. Ou, dito de outra forma, a falta de clareza sobre o que um funcionário da Ambev precisava fazer para alcançar determinado patamar na carreira e, em seguida, receber um aumento salarial – e, quem sabe, uma promoção. O caminho a ser percorrido para que isso fosse possível era uma incógnita, gerando incertezas, frustrações e falta de engajamento. O raciocínio era o seguinte: "Se não existe a preocupação em apontar caminhos para que eu progrida, é porque talvez isso não dependa do meu trabalho, mas de outros fatores. Logo, o que faço não é importante".

Para analisar as diversas faces do problema, fomos além dos instrumentos formais da companhia, tais como pesquisa de engajamento, pesquisas de satisfação dos empregados com alguns serviços e entrevistas de desligamento. Dedicamos cerca de dois meses para conversar com os supervisores e operadores nos seus postos de trabalho. Durante esse processo, fizemos observações diretas nesses locais, realizamos várias sessões de *brainstorming* nas mesmas salas onde os gerentes se reuniam. Guiando-nos pelos princípios de Maslow, nessas reuniões constatamos o quanto eles se sentiam importantes ao serem ouvidos e perceberem nosso interesse em conhecer as suas necessidades, reclamações e sugestões. Esses momentos funcionaram no início como válvulas de despressurização, e, posteriormente, essas pessoas passaram a enxergar que não se tratava mais de uma pesquisa ou de um diagnóstico, mas de um plano que levava a sério a voz delas.

As ações mais simples começaram a ser implantadas rapidamente. Como exemplos, a escala e a definição de rotas de transporte foram melhoradas, iniciaram-se as reformas nos banheiros, vestiários, o cardápio do restaurante foi revisado, paleteiras elétricas foram disponibilizadas para o transporte de peças, e os armários self-service de pequenas peças de manutenção foram distribuídos em muitos pontos da fábrica.

Também foram intensificadas as ações de comunicação para que todos soubessem do andamento das melhorias e, assim, a credibilidade do pessoal aumentasse. Aqui foi muito importante o papel das lideranças em nível da operação. Os líderes no chão de fábrica, em especial os supervisores, precisaram ser treinados e munidos de instrumentos de comunicação para que ela fosse efetiva e os próprios líderes reforçassem seus laços com o time. A cada comunicação-chave a ser veiculada, scripts eram preparados para os líderes sobre como conduzir uma comunicação clara e transpa-

O DESAFIO DO IMPOSSÍVEL

rente com o time, o objetivo a ser alcançado e perguntas possíveis, de modo que o canal de comunicação pela liderança ganhou um espaço que antes era, muitas vezes, ocupado por especulações entre os operadores.

Os desafios sob a lente de Maslow

Todos os principais problemas encontravam ressonância nas necessidades básicas apontadas por Maslow. Apenas para recapitular, são elas: as necessidades fisiológicas, de segurança, pertencimento, autoestima e autorrealização.

No quesito das **necessidades fisiológicas**, havia muito a ser trabalhado.

Uma vasta literatura de negócios corrobora a tese de que o ambiente físico é um elemento vital na qualidade da nossa relação com o trabalho. Para muitos funcionários, mesmo em um cenário com muitas adversidades, a fábrica era uma espécie de oásis de ordem, previsibilidade, segurança, estabilidade e conforto. Muitos funcionários vinham de regiões onde os serviços públicos eram precários e a violência fazia parte da rotina. Era necessária uma maior compreensão da importância daquela vivência em detalhes sutis, relacionados à estrutura, ao aconchego e ao acolhimento na planta.

Em geral, essa experiência era pensada de modo muito concreto e imediatista. Faltava considerar o fato de muitos funcionários encontrarem na fábrica um espaço onde as experiências sensoriais e de convívio podiam ser agradáveis, tornando aquelas horas do expediente não apenas aceitáveis, mas prazerosas. As necessidades fisiológicas, porém, não eram até então consideradas com o nível de impacto preconizado por Maslow. Um dos exemplos que podem ser citados era a insatisfação com as instalações e o layout dos restaurantes,

Todos os principais problemas encontravam ressonância nas necessidades básicas apontadas por Maslow. Apenas para recapitular, são elas: as necessidades fisiológicas, de segurança, pertencimento, autoestima e autorrealização.

o calor excessivo que lá fazia e também as opções de cardápio. A segunda maior insatisfação era em relação à escala de férias que impactava fortemente a qualidade de vida do funcionário e da família. O terceiro item a incomodá-los era a falta de recursos de trabalho, prejudicando a produtividade e as entregas. E, assim, os planos de ação iam sendo ajustados na medida da execução e novas medições eram feitas para avaliar o nível de evolução da satisfação dos funcionários.

A primeira foto da avaliação mostrou uma insatisfação com o salário e bônus. Esses itens tiveram de ser tratados com muito cuidado, pois a questão salarial não poderia ser resolvida apenas naquela unidade e a sua extensão às demais significaria um custo elevadíssimo. Ainda assim, a empresa aprovou o estudo e fez o reajustamento nas posições que estavam em desvantagem com o mercado. Vale ressaltar que a remuneração é uma necessidade classificada no segmento fisiológico, não podendo ser atribuído a ela um objetivo motivacional. Assim sendo, se estiver abaixo do mercado, causa desmotivação, mas, uma vez ajustada, tem um efeito temporário.

Ao longo do processo, ratificamos, na prática, uma das características mais importantes no trato das necessidades fisiológicas e de segurança: ao serem atendidas as demandas "básicas", as equipes não se sentem mais motivadas – elas apenas se habituam e fruem das melhorias. No entanto, se essas necessidades forem negligenciadas, isso gera uma grande insatisfação entre os funcionários.

A **segurança** é outra seara que envolve aspectos primordiais do ser humano.

Na ausência de condições adequadas de segurança, o empregado estará mais sujeito a erros, acidentes, variações de humor, doenças e outras perturbações que impactam a produtividade e a qualidade de vida. Nesse sentido, a segurança é uma necessidade que vai muito além dos equipamentos de proteção e treinamentos. Compõem esse pilar questões como a falta de estabilidade no emprego, de planejamento da carreira e da organização das férias e dos plantões, entre outras.

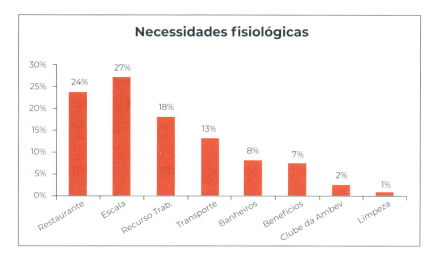

Gráfico 7: A pesquisa realizada com os colaboradores apontou as áreas que mais geravam insatisfação em suas rotinas. A partir da resposta dos profissionais, elegemos as ações prioritárias das mudanças necessárias.

Outras vezes, a insegurança se estende à família, como no caso de um pai ou uma mãe preocupados com alguma ameaça aos seus filhos – algo que, eventualmente, poderia levá-los a níveis altos de desatenção ou até a ir embora.

O terceiro tópico trata do **pertencimento**. Embora possa parecer estranho, muita gente passa a maior parte do seu dia fisicamente na empresa, mas suas verdadeiras preocupações passam longe do ambiente de trabalho. Estamos falando de gente que leva apenas o corpo para a fábrica, mas que não mantém um vínculo com a empresa, não se relaciona com os colegas e tampouco sente-se à vontade para dividir aflições, dúvidas, aprendizados ou momentos de alegria. O oposto disso, em que existem orgulho e sensação de pertencimento, é quando os funcionários se sentem parte de uma rede, gostam de ser vistos com o uniforme e integram até a família.

Campo Grande fica a mais de 50 quilômetros do centro do Rio de Janeiro. No passado, era um problema toda vez que um funcionário precisasse ir a uma consulta médica ou ao dentista, ou resolver um problema em uma agência bancária. A cultura da empresa desencorajava a discussão – e, muito menos, o acolhimento – de questões pessoais no cotidiano da fábrica. A busca por resultados, um imperativo da cultura Ambev, era levada aos extremos, muitas vezes de forma irrefletida, causando a sensação de que a única coisa importante ali era atingir a meta.

Em um território próximo do pertencimento está a **autoestima**. Ao se sentir parte de uma organização, um funcionário terá também o desejo de reconhecimento – tanto o que vem de fora quanto o que parte de dentro, ou seja, do próprio operador. Enxergar-se como uma figura importante na construção de um projeto, alguém com um propósito na organização, é peça fundamental no mundo do trabalho deste século XXI. Ocorre que esse tipo de autoestima só encontra espaço para germinar nos ambientes onde as manifestações de estima externas já fizeram a sua parte.

Do lado da empresa, isso poderia se tornar possível por meio da valorização do trabalho dos funcionários, do aprofundamento dos programas de aperfeiçoamento e das especializações, além da celebração (com os familiares) de cada passo alcançado.

Por fim, temos a **autorrealização**, igualmente próxima da autoestima. O funcionário se sente autorrealizado onde faz algo que considera importante, que lhe dá orgulho e vale a pena, em um local em que há liberdade para expor as próprias ideias e colocá-las em prática. Estamos falando de um ambiente no qual as pessoas têm oportunidade de experimentar e desenvolver suas potencialidades. Trata-se, no mundo ideal, de um encontro harmônico de motivos: a empresa proporciona as condições para que o funcionário possa se realizar e este, por sua vez, responde com o seu melhor. Dito de outra forma: é o que explica algumas pessoas rejeitarem propostas financeiras superiores aos seus ganhos atuais por estarem felizes na empresa em que atuam.

Aqui teriam um efeito importante a capacitação e a formação por meio de bolsas de estudos e do estímulo às melhores práticas. Além disso, pesavam fatores já citados, como a remuneração e a transparência nos processos de promoção, os títulos de educação reconhecidos interna e externamente, o reconhecimento segundo o nível de conhecimento e a celebração (por intermédio de formaturas na presença das famílias).

A experiência de associar as necessidades humanas de Maslow com o método PDCA foi decisiva e pioneira. Não se tratava de priorizar uma ou outra necessidade humana, já que estas são simultâneas, não hierarquizadas. Era necessário atingir um nível alto de atendimento a cada uma das necessidades. Todas as análises que nos ajudaram na descoberta e na priorização das causas a serem trabalhadas, primeira etapa do PDCA, cobriam adequadamente todas as necessidades humanas de maneira sistêmica. Acontecia – em especial para nós, consultores – uma espécie de desordem mental, pois estávamos acostumados a pensar no modelo de causa e efeito estruturado, e agora víamos, na prática, o que Maslow alertava quando se tratava de fenômenos humanos: "cada item é tanto uma causa quanto um efeito de todos os outros itens"[2]. Quando as ações eram implementadas, sua eficácia era avaliada (outra etapa do PDCA) por meio da verificação da melhoria no atendimento às necessidades humanas propostas por Maslow.

---

[2] MASLOW, A. H. **Hierarchy of Needs: A Theory of Human Motivation**. New York: Start Publishing LLC, 2013.

DAS PEQUENAS E GRANDES VITÓRIAS

Embora os funcionários de maneira geral estivessem acostumados ao trabalho duro e sentissem orgulho de trabalhar na Ambev, as melhorias das condições básicas começaram a refletir no senso de pertencimento e autoestima, segundo pesquisas realizadas mensalmente sobre os serviços gerais. As ações passaram a ser uma espécie de resposta às necessidades dos funcionários com o destino certo de um ambiente saudável e agradável para se trabalhar e conviver. Era essa a mensagem que a alta liderança estava enviando por meio da sua dedicação e seu investimento. As primeiras ações ocorreram propositalmente no lado mais visível e concreto – postos de trabalho, restaurante, ônibus, áreas comuns –, gerando percepções positivas, como se pode ver pelo depoimento do supervisor José Eduardo Oliveira, funcionário antigo e participante das mudanças:

Estou na empresa desde 1991. Comecei na Rua Marquês de Sapucaí, número 200, na antiga fábrica da Brahma. Trabalhava como porteiro, "cara-crachá", literalmente. Vim para cá ainda como terceirizado, mas logo depois fui contratado. Passei a conviver com muita gente, inclusive executivos da companhia. Jogávamos bola juntos.
Eu vi toda a mudança que surgiu com o Comitê de Gente. Da minha parte, ajudei a escrever as rotinas e tratativas de serviços gerais – a importância de ter um ambiente saudável no trabalho, de modo que o funcionário possa trabalhar sem preocupações. A base da pirâmide precisava ser olhada, não havia quem fizesse isso. Ou melhor, existia uma pessoa de cada área – transporte, limpeza, manufatura etc. –, mas não existia alguém fiel a esses assuntos. Como eu era um funcionário ligado às pessoas e às comunidades no entorno da companhia, carregava essa sensibilidade.
Quando as lideranças criaram o projeto, a mudança veio com tudo. Começamos a transformar a fábrica em um ambiente saudável.
As mudanças alcançaram os vestiários e o restaurante, passaram pelos meios de transporte, até as áreas de lazer e jardinagem, logo na entrada da companhia.

No restaurante, tínhamos outros problemas. Faltava equilíbrio nutricional. Isso foi resolvido e o operador passou a começar o dia com um cardápio feito de opções variadas pensadas previamente. Outro ponto que tivemos que trabalhar foi o transporte com os fretados. Até 2007, a exemplo dos antigos restaurantes, eles eram diferentes para cada equipe. O time da área administrativa tinha um transporte superior ao dos operadores. Tivemos que mudar isso. Era preciso deixar todos os fretados com a mesma qualidade, independentemente de quem os usasse. Como um operador chegaria aqui saudável em um ônibus sem ar-condicionado, depois de uma hora, uma hora e meia de viagem? A turma ficou muito satisfeita. Foi um ganho para todos. A violência lá fora deixa todo mundo muito nervoso. Mas aqui dentro o profissional tem que se sentir bem. Temos um time de fretados com 42 motoristas. Nós fazemos todo o controle de segurança desse time. Desde 2018, a Ambev não registra nenhum caso de excesso de velocidade. São quarenta linhas em quatro turnos. Os indicadores de segurança do time de motoristas refletem o vínculo que construímos com a empresa que presta esse serviço. Eles são fiéis à nossa cultura. Eu trago esse pessoal para dentro da empresa duas ou três vezes por mês para eles se sentirem parte da companhia e para entenderem o valor desse indicador positivo que eles têm apresentado.

Uma demonstração irrefutável de que esse projeto plantou uma semente na cultura é que o Supervisor José Eduardo não se limitou a falar sobre o que aconteceu na primeira fase. Seus olhos já brilharam para contar os planos de continuidade, evoluindo para ações que contemplem níveis mais elevados da satisfação das pessoas na Cervejaria Rio de Janeiro. Leia a seguir as suas ideias para melhorar a saúde, o bem-estar e o lazer do funcionário:

Hoje temos muitos projetos. Queremos inaugurar uma lavanderia aqui dentro. Assim, poderemos evitar que o funcionário leve as nossas impurezas para fora. Com a lavanderia, o funcionário coloca o uniforme aqui e, no final do expediente, o devolve. Não trará nada de casa para cá e nem o contrário. Hoje temos também o Espaço Saúde, onde há uma série de atendimentos – fisioterapia, acupuntura, doutor de profilaxia interna etc. –, e uma rede de academias de ginástica espalhada por todo lado. Estamos criando um ambiente zen, onde o funcionário vai descansar e receber uma massagem de cerca de quinze, vinte minutos, podendo voltar totalmente relaxado ao seu trabalho. Outra coisa é a área de lazer, que receberá diversas melhorias. Teremos uma área gourmet com churrasqueira para que as equipes possam fazer as suas comemorações. Por fim, temos um projeto para fazer um clube aqui ao lado. São várias iniciativas de qualidade de vida com foco na saúde mental das pessoas.

José Eduardo Oliveira
Supervisor da área de Serviços Gerais

Não se tratava de priorizar uma ou outra necessidade humana, já que estas são simultâneas, não hierarquizadas. Era necessário atingir um nível alto de atendimento a cada uma das necessidades.

CAPÍTULO 6

A dinâmica das necessidades

Compreender os desafios do turnover era fundamental.

Em paralelo à avaliação das necessidades básicas e do engajamento, iniciamos uma análise do processo de desligamento dos funcionários da fábrica Nova Rio. Queríamos entender as reais causas de insatisfação que levavam ao turnover e, consequentemente, à baixa eficiência.

O prof. Falconi dizia que quem estava satisfeito dificilmente pediria demissão. Nós perguntávamos: "Será que estamos errados?". Algumas pessoas diziam estar satisfeitas, porém, ao receberem outro desafio – algo como a aprovação em um concurso público ou uma oferta de trabalho na sua área de formação, em outro lugar –, acabavam indo embora. O professor estava certo: outra oportunidade chamaria atenção apenas se o funcionário não estivesse satisfeito com sua posição atual.

Entender as sutilezas dessas relações, o dito e o não dito, era parte do nosso trabalho. Às vezes, entendemos a insatisfação e o desejo de deixar uma posição em uma companhia de prestígio como infelicidade ou mal-estar no trabalho. No entanto, não se tratava disso. O fato é que as necessidades são dinâmicas. A pessoa pode estar satisfeita com sua posição e suas condições em um dia e, pouco depois, tornar-se insatisfeita ao compará-la com outra opção disponível no mercado.

O DESAFIO DO IMPOSSÍVEL

Estávamos no segundo semestre de 2012. E, com esse entendimento, pudemos lidar com um fator importante: o intervalo entre a melhoria do turnover, que começava a dar seus sinais após o primeiro ano de trabalho, e os sinais de progresso no engajamento. Isso ocorre porque as duas métricas têm uma correlação direta, porém possuem timings diferentes. No primeiro ano, o turnover começou a dar sinais de queda, mas o engajamento ainda não reagia de forma expressiva, o que gerou certa descrença no início. De fato, os líderes esperavam que o engajamento melhorasse simultaneamente à queda no turnover, mas o descompasso se dá porque, embora as pessoas parem de sair, antes de mudar a atitude é preciso provar a elas que as melhorias não serão passageiras. A grande mudança para a empresa foi enxergar que o que estávamos fazendo era mais do que um projeto, era uma nova maneira de gerir pessoas.

O certo é que a companhia queria parar de se surpreender com os pedidos de demissão. Nesse sentido, as entrevistas de desligamento representavam uma espécie de caixa-preta da Ambev, permitindo saber as causas do desligamento. Estas não estavam nos clichês geralmente ditos nessas situações: "Fulano está saindo porque não tem a nossa cultura", "Estranhou a vida dura", "Não tem resiliência" etc.

Por meio das entrevistas, conseguimos investigar as causas da demissão e o próprio ritual em que ela ocorria. Nós buscamos saber se o pedido de demissão era examinado por analistas preparados e no tempo hábil, de modo que fosse possível extrair as informações relevantes para evitar novas saídas. A cada dia ficava mais evidente a lição de Descartes de que não se deve supor, mas pesquisar onde está a verdade.[3] A verdade estava nos fatos e dados. Desvendá-la dava trabalho.

---

[3] Originalmente publicado em 1637, o *Discurso do método*, de René Descartes, constitui uma das bases do método cartesiano, proposto pelo filósofo: "... como então desejava ocupar-me somente da procura da verdade, pensei que precisava fazer exatamente o contrário, e rejeitar como absolutamente falso tudo em que pudesse imaginar a menor dúvida, a fim de ver se depois disso não restaria em minha crença alguma coisa que fosse inteiramente indubitável. DESCARTES, R. **Discurso do método**. São Paulo: Martins Fontes, 2001. p. 37. (N. E.)

A meio caminho da verdade

Da observação dos desligamentos, extraímos uma série de aprendizados. Dada a dificuldade em conseguir os detalhes sobre esse momento da despedida de um funcionário, passamos a usar a metáfora da caixa-preta. Como sabemos, ela é procurada após o acidente de um avião, pois contém informações fundamentais sobre o diálogo entre o comandante e o copiloto e os momentos que antecederam a queda da aeronave.

Pois bem. É um fato gravíssimo na empresa quando um talento comunica a sua decisão de sair.

Em muitos negócios, esse é o momento em que são acionadas as medidas de retenção. O problema é que, ao comunicar a partida, o funcionário já tomou sua decisão e é difícil revertê-la. Baseados em Maslow, confirmamos que as necessidades humanas eram dinâmicas e que, portanto, as ações de retenção deveriam ter caráter preventivo e constante. Medidas tomadas tardiamente não evitariam as perdas.

O alerta laranja fornece outra metáfora útil para pensarmos a realidade da Ambev. Geralmente, os alertas indicando problemas na aeronave eram emitidos e relatados, mas nem sempre levados a sério. Nas empresas, não é raro que passem despercebidos os sinais e as informações apontando uma irregularidade. Isso nos levou a concluir que a maior parte dos desligamentos na Ambev poderia ser antecipada ou, ainda melhor, evitada. A solução foi criar vários canais de comunicação para ouvir as pessoas, entender suas necessidades e atendê-las no tempo certo.

Ainda sobre os sinais de saída, eles raramente se dirigiam ao líder da área. Pois é, a caixa-preta não ficava na cabine do piloto, mas sim perto da cauda do avião. Na prática, os colegas eram os primeiros a saber que alguém planejava partir. Quando a notícia corria pela empresa e chegava ao chefe, pego de surpresa, os pares de quem estava de saída já pensavam em quem iria ocupar a vaga. A resposta para isso passou por melhorar o diálogo com o supervisor, uma figura de confiança dos operadores.

Outro ponto crucial quando um funcionário estava perdendo o vínculo e pensando em se demitir: nem sempre a pessoa que está saindo se sente confortável para falar abertamente sobre os seus motivos (que invariavelmente envolvem questões pessoais). Assim, eram necessários "aparelhos detectores" e analistas para interpretar esses movimentos. Como as pessoas em retirada resistiam em apontar explicitamente o que estava se passando, era imprescindível empregar técnicas e análises capazes de captar as informações no momento certo. A participação de uma consultoria e seu olhar isento sobre esse processo também se revelaram cruciais. Revisamos as perguntas sobre os motivos de desligamentos com base nas necessidades de Maslow, mas, ao destrincharmos os dados obtidos no momento do desligamento, ficou claro que estávamos, de fato, diante de uma caixa-preta. Com isso, começou a se delinear um cenário em que o enfrentamento do turnover era mais complexo do que poderíamos supor. Não havia resposta única, que valesse para todos e durasse para sempre. Para evitar a saída de funcionários, era preciso entender suas demandas e sua dinâmica para poder desenhar uma nova estratégia. O fato de conhecer os motivos individuais de quem já tinha decidido sair da empresa não estava ajudando. Em seus achados, Maslow atentava para o fato de que uma necessidade satisfeita não é mais motivadora, pois já passou.

Então deveríamos continuar investigando as necessidades e ajustando os planos de ação para atendê-las coletivamente. Ou seja, aprendemos na prática que as ações deveriam ser dinâmicas, preventivas e coletivas, e que não poderíamos confiar apenas na coleta de respostas aos formulários de desligamentos. O movimento era o

É um fato gravíssimo na empresa quando um talento comunica a sua decisão de sair.

de intensificar as ações que geravam satisfação e agir sobre as insatisfações. Simultaneamente, as lideranças imediatas foram se engajando mais no projeto, participando dos trabalhos e das reuniões e se tornando mais sensíveis aos sinais de possíveis desligamentos.

O VALOR DOS PEQUENOS PROGRESSOS

As melhorias nas condições básicas continuavam a gerar impacto positivo. Como elas acabavam sendo implantadas em outras unidades, toda a empresa começou a ter ganhos nos níveis de saúde física e mental dos funcionários e também de produtividade, como nos contou o Técnico Especialista Wilson Barradas:

Estou na cervejaria de Campo Grande desde 2004. Quando fui contratado, a situação era muito diferente do que é hoje. O Rio de Janeiro é muito quente, mesmo para os cariocas. As temperaturas chegam a 40 graus, 45 graus Celsius. A máquina lavadora de garrafas tem tanques capazes de atingir 80 graus. O calor próximo a essas máquinas podia ser insuportável. No verão nós chegávamos a perder peso.
Lembro que um dia o gerente de produção me chamou e pediu que eu pensasse em novos caminhos para solucionar o problema. A primeira ideia dele foi colocar um ar-condicionado logo na entrada da máquina. A gente tentou fazer isso de várias formas, chegamos a colocar o equipamento em uma cabine, mas não funcionou. O que deu certo foi o climatizador, que melhorou bastante a nossa vida.
O operador hoje não fica mais sob esse calor constante, com o vapor contra o rosto. O climatizador deu esse frescor, o que garante que se possa trabalhar mais tranquilo, sem transpirar tanto. Isso deu tão certo que, mais tarde, instalaram o climatizador em todas as linhas de produção, inclusive em outras unidades.

UMA NOVA SENSAÇÃO DE PERTENCIMENTO

Outro avanço importante foi possível graças a uma medida simples: a instalação de câmeras de vídeo na saída das máquinas lavadoras. Às vezes, uma máquina travava e o operador tinha que sair de sua posição e descer até a saída da máquina para ver o que havia acontecido. Ele chegava lá na máquina e depois precisava comunicar outra pessoa a respeito do que tinha visto – se estivesse em uma lavadora de garrafas, o problema podia ser o tombamento de uma garrafa ou o descolamento dos rótulos, o que interrompia o fluxo da máquina. Como a fábrica é enorme, tudo isso gerava uma tremenda perda de tempo.

Com as câmeras, ganhamos em eficiência e ergonomia. O operador não precisa mais dar essa volta sempre que há um problema. Ele pode descobrir o que aconteceu olhando as imagens captadas pela câmera em tempo real. Assim, é possível corrigir o problema sem ter que se deslocar ao longo da máquina, que tem cerca de 15 metros de comprimento. Passamos a sair menos cansados todos os dias.

Na ergonomia houve outros avanços. Chegaram equipamentos mais adequados, alguns ficaram mais leves. Quem passava os dias fazendo esforço muitas vezes não sentia o problema. Eram muitas horas hoje, outras tantas amanhã, mas a gente não se dava conta do acúmulo no dia a dia. Depois de um mês, começávamos a sentir. Eram coisas pequenas, mas, para o operador, eram todas muito importantes.

Com as mudanças, o operador passou a ver que havia alguém pensando nele, em melhorar seu trabalho e sua vida. Hoje eles sabem que podem ser ouvidos. O operador pode vir até mim e pedir uma melhora, seja para incrementar a performance, seja para evitar a exposição ao risco de alguém de sua equipe. Ele vê que a companhia hoje está muito interessada nas pessoas, o que faz com que ninguém queira sair.

O funcionário se sente especial, sente-se parte daquilo. Sabe que a companhia não quer produtividade a todo custo. Quer produtividade, mas com segurança, qualidade e o operador íntegro, fisicamente bem, não tão estressado, com a consciência tranquila.

DO CANSAÇO AO ORGULHO DE FAZER PARTE

Também melhorou muito a gestão do banco de horas. Hoje, o operador pode entrar na planilha e apontar que gostaria de usar "x" horas da sua reserva. Mais tarde, o seu gestor vai ver, analisar o pedido e, se possível, aprovar. Não tem burocracia. As férias também passaram a ser programadas com maior previsibilidade.

O operador trabalha muito mais feliz do que no passado.

Anos atrás, nenhum operador queria ficar na lavadora. Ninguém durava muito tempo na área, todos queriam sair. Hoje, os operadores têm orgulho de trabalhar ali e fazer parte daquilo, tanto que há uma linha aberta para visitação. Eles se orgulham a ponto de trazerem os familiares para verem a máquina onde trabalham.

Wilson de Oliveira Barradas
Técnico Especialista

CAPÍTULO 7

O valor de todas as coisas

A visão pormenorizada dos problemas é extremamente poderosa. Com o diagnóstico dos problemas da fábrica e o mapeamento das necessidades dos funcionários, foi possível iniciar o processo que revolucionaria aquela cervejaria e, mais tarde, toda a Ambev. O plano de ações era complexo: tinha 41 etapas e 296 ações. Estas seriam distribuídas em 56 macroações, 23 padrinhos e 87 responsáveis.

Os primeiros flancos a serem atacados foram as necessidades fisiológicas. Nessa lista havia questões explícitas que exigiam tempo, dedicação e investimento. Entre elas estavam as ações relacionadas a vestiários, refeitórios, transporte, férias, escalas de trabalho, lazer, recursos e condições de trabalho.

Os vestiários e os refeitórios foram reconstruídos. As novas instalações tinham espaços bonitos, iluminados e agradáveis. Os cuidados com o conforto e o bem-estar seguiam aquilo que os funcionários haviam destacado nas pesquisas. Para muitos, eram como os toaletes e as praças de alimentação dos shopping centers da região. Os cardápios foram refeitos, tornando-se mais variados e nutritivos. A camaradagem nas mesas coletivas logo surgiu como um reflexo do aconchego do espaço. O transporte também foi totalmente repensado, com novas linhas e uma frota de primeira. O trajeto para o trabalho passou a ser um momento de descanso e relaxamento.

O DESAFIO DO IMPOSSÍVEL

A Nova Rio recebeu espaços de entretenimento onde os funcionários se divertiam após as refeições. Alguns aproveitavam o tempo de folga para uma soneca ou uma leitura, outros jogavam videogame ou simplesmente papeavam. De volta ao ambiente da fábrica, sob uma temperatura balanceada com a ajuda dos climatizadores, os operadores contavam com um layout inteligente e bases em que os equipamentos de segurança e as ferramentas eram dispostos de forma organizada. Máquinas modernas, criadas segundo as necessidades da fábrica, levantavam e transportavam as caixas. O cuidado com esses pontos reduziu sensivelmente o estresse e o número de acidentes.

Com o tempo, a Nova Rio ganhou o Espaço Saúde, onde os funcionários contavam com atendimento médico 24 horas, além dos dentistas, fisioterapeutas e nutricionistas. Pouco depois, surgiram serviços de beleza como manicure e barbearia. Nascia um novo ambiente – acolhedor, aconchegante e prático. Em muitos aspectos, era uma versão para a indústria do que havia em grandes empresas de tecnologia.

Outro tema prioritário – para muitos, "o" tema – desde o primeiro momento era a necessidade de uma nova política de remuneração.

Os salários eram um ponto que gerava insatisfação e pedidos de demissão. Em uma pesquisa interna sobre engajamento, 75% apontaram a remuneração como um fator crítico para a sua satisfação. Por estar na base da tese de Maslow, a remuneração provoca uma turbulência em quase toda a cadeia de necessidades humanas. Pode trazer como consequências o turnover ou a resignação, o pior dos mundos, quando os funcionários aceitam que sua unidade é mesmo problemática.

Em busca de uma nova política de salários

Até aquele momento, a Ambev se posicionava como uma companhia que oferecia remuneração fixa um pouco abaixo da média de mercado e, por outro lado, era agressiva na remuneração variável. Outros fatores pesavam contra os funcionários nesse quesito: os valores médios usados como referência para os salários eram obsoletos e o parâmetro para comparação era muito restrito, cobrindo apenas a indústria de bebidas. Tudo isso formava um ambiente propício ao turnover alto.

Ao analisarmos o turnover por função, constatamos a existência de funções técnicas, especialmente aquelas ligadas à manutenção, com alta empregabilidade em outros tipos de indústria. Logo, ficou claro que a concorrência por mão de obra não se limitava ao setor de bebidas, o que se agravava diante do fato de que a Ambev não investia em treinamentos específicos para técnicos do seu segmento. Nos anos em que a economia brasileira crescia exponencialmente, a guerra de talentos se intensificava. O estado fluminense, devido ao setor de óleo e gás, era um dos polos da disputa.

Uma vez entendido que estávamos diante de uma causa importante por trás do turnover, o passo seguinte foi tornar a questão ainda mais clara. A Ambev então contratou uma nova pesquisa salarial, dessa vez contemplando referências mais amplas para comparação. Foram descobertas lacunas importantes em diversas funções – em nível técnico, de operação e liderança. Seguindo o espírito meritocrático da companhia, a política de valorização da remuneração variável foi mantida. No entanto, a atualização dos níveis salariais, tendo em vista o mercado, passaria a ser regular.

Esse foi um momento em que a força das lideranças foi novamente testada.

Para que a recomposição salarial fosse possível, a Ambev teve de investir. Em uma companhia em que a austeridade e o controle permanente de gastos fazem parte da cultura, qualquer aumento de salários não era algo trivial de ser aprovado. Não bastasse isso, os aumentos ocorreram antes de a operação do Rio bater a meta de eficiência operacional que traria os custos para baixo. Ou seja, era uma baita ousadia.

A recomposição salarial ocorreu de forma escalonada, prevista para ser concluída no período de três anos. As áreas mais críticas, que não coincidentemente eram as que também exigiam formação mais longa, foram priorizadas nesse processo.

Era o começo de um caminho sem volta.

A visão
pormenorizada
dos problemas é
extremamente
poderosa.

UM NOVO CAMINHO PARA O CRESCIMENTO

O depoimento de Hudson, Técnico de Produção que está na empresa praticamente desde a adolescência, relata em detalhes a evolução humanizada da companhia e os reflexos no crescimento dela e de seus funcionários. Muitos falam que a remuneração resolve o problema do turnover, mas isoladamente isso não procede, pois, em muitos casos, os funcionários saíam por salários similares. O depoimento a seguir mostra que, além de adequação da remuneração, vários outros aspectos foram surpreendendo positivamente aqueles que trabalhavam na empresa. Esta, que se orgulhava de atrair os melhores do mercado, mas não conseguia retê-los, estava agora descobrindo que uma gestão pode ter metas arrojadas, obter o melhor dos indivíduos, valorizando-os e respeitando a sua qualidade de vida. A máxima "na companhia é ruim ser bom" foi sendo substituída por "a companhia valoriza quem é bom", legitimando a meritocracia. Isso graças a um plano de capacitação amplo e continuado que elevou a competência de todos e evitou, portanto, que alguns continuassem sobrecarregados e insatisfeitos com o cancelamento de férias e folgas.

Entrei na companhia como Aprendiz Técnico. Tinha 19 anos.
Trabalhei praticamente em todas as áreas da fábrica. Pude testemunhar todo o desenrolar do Comitê de Gente. Me senti muito afetado por esse processo e enxergo a influência que ele tem tido na vida das pessoas, tanto na operação como na liderança.
Quando era operador, eu tinha muito mais dificuldades em fazer as coisas do que qualquer pessoa que esteja nessa mesma posição atualmente. Um exemplo: hoje nós temos aqui o Espaço Saúde, algo quase absurdo, dado que eu não vejo algo parecido em nenhum outro lugar. Hoje eu encontro respostas para lidar com o absenteísmo (índice de falta) do meu time a partir dos recursos que estão aqui dentro. Vejo os maiores problemas causadores de faltas e cruzo com o que eu tenho de especialidade na Nova Rio. Temos tratamentos preventivos de vários tipos, tudo em casa.

Os problemas mais comuns na minha área são questões relacionadas à fisioterapia: dor de coluna e nas pernas, por exemplo. Para lidarmos com isso, temos uma frente de ergonomia que traz melhorias às áreas de trabalho e à ferramentaria, além da adoção de paleteiras elétricas para carregar peso. Hoje eu consigo tratar deles aqui mesmo, o que seria impossível antes do projeto.

Somando os três turnos, lidero cinquenta pessoas. No passado, os benefícios eram focados naqueles que trabalhavam no horário comercial. Atualmente, eles se estendem para os turnos da tarde e da madrugada. Todos podem acessá-los.

UMA RELAÇÃO MAIS SUSTENTÁVEL

Anos atrás, quando era operador, acumulava mais de trezentas horas no banco de horas. Era humanamente inviável. Por volta de 2007, 2008, quando eu trabalhava na linha de produção, havia quem acumulasse quatrocentas horas. Há tempos não deixamos o banco passar de vinte horas. Os dados de engajamento mostram como os indicadores evoluem à medida que as melhorias chegam ao chão de fábrica.

Quando fizemos uma estratificação para detectar onde o calo apertava, ficou claro que havia sempre uma turma mais afetada. Geralmente, era um grupo de pessoas com maior conhecimento. A gente usava demais as habilidades dessas pessoas. Elas tinham que ficar depois do horário ou aparecer no dia de manutenção e nas férias. Claro que elas não queriam trabalhar mais, mas sim a oportunidade de usar o conhecimento de forma mais saudável. Hoje, quando esses funcionários saem de férias, não conseguem acessar o sistema da fábrica. Até quem tem acesso remoto passa a ser bloqueado para não ficar de casa se preocupando com o que acontece aqui.

Inegavelmente, o sistema de metas imposto pela companhia fazia com que a gente se mantivesse focado o tempo todo. Os intervalos faziam falta. Nós trabalhamos focados na meta, temos uma remuneração atrelada a isso, o que nos deixava ligados 24 horas, mas era preciso trabalhar de forma sustentável. Felizmente isso mudou.

Outro exemplo: minha gerente senta ao menos uma vez por mês com a gente para ver os grupos de WhatsApp de que fazemos parte. Isso porque chegou a um ponto em que existiam setenta grupos, um absurdo. Nós usamos a tecnologia, vimos que era algo legal, facilitava a comunicação, mas com o tempo virou uma coisa de louco. Era inviável. Hoje nós temos apenas sete grupos. Começamos a ver que era preciso fazer algo mais focado. Havia um ganho nessa conversa coletiva virtual, claro, mas se perdia algo do tête-à-tête. Todos os recados passaram a ser dados pelo WhatsApp, o que diminuía o contato entre as pessoas e dificultava o entendimento de outros problemas. Agora, ao conversar com um operador sobre um problema de trabalho, às vezes eu descubro que ele tem um problema pessoal – o que também vai alterar o rendimento. Com o uso excessivo do meio digital, havia o risco de perdermos esse contato. Agora, estamos resgatando essa linha direta com os operadores.

QUANDO ERA RUIM SER BOM

Na operação havia um comentário corrente: "Na companhia é ruim ser bom". Se você era bom, isso era ruim, porque a pessoa era sempre chamada fora de hora para resolver um problema. Isso gerou um mal-estar porque os melhores começaram a se perguntar: "Qual é a vantagem em ser muito bom no meu trabalho? Isso está me fazendo mal. Se eu for mediano como aquele cara, não serei chamado depois da hora, não vou ter que fazer tantas horas extras". Em vez de despertar o interesse dos medianos em serem bons, despertamos o interesse dos bons em serem medianos.

Os bons pensavam que sempre seriam sobrecarregados. Com a capacitação, equalizamos as competências e atribuições. Agora é muito raro trazer alguém aqui fora de hora, exceto no caso do especialista dos equipamentos, pois a função dele é essa. Ele trabalha em regime de sobreaviso, pois essa é uma atribuição do trabalho dele. Nos outros níveis (operador, supervisor e técnico) é quase impossível fazer isso.

As férias eram outro problema. Todo mundo queria sair em janeiro, mês de férias escolares, mas a gente não consegue dar férias quando todo mundo quer. No passado, a falta de gestão no calendário gerava uma série de dificuldades. Era frequente surgir uma emergência na manutenção das máquinas e as férias serem adiadas em cima da hora. Ocorre que, quase sempre, as pessoas já tinham se programado para fazer algo com a família. A mudança causava enorme desgaste. Os funcionários acabavam aceitando adiar a saída, mas o engajamento caía. Atualmente, não é mais possível fazer isso.

UM GUIA PARA OS PRÓXIMOS PASSOS

Também trabalhamos muito a capacitação das pessoas. Isso foi um divisor de águas surgido com o Comitê de Gente. Quando começamos a dar mais atenção ao fato de que as pessoas precisavam de mais teoria e aprendizado, passamos a solucionar várias questões, entre as quais a sobrecarga dos operadores mais experientes. Em vez de convocar só o fulano, passei a transmitir algumas tarefas para o beltrano. Isso começou por volta de 2013 e só foi possível graças à transmissão do conhecimento.

Hoje nós insistimos no treinamento em todos os níveis. Alguém que entrou recentemente na Ambev só poderá fazer sua primeira movimentação após concluir um curso no Senai pago pela companhia. A Trilha de Carreira é vinculada à capacitação. Antes as promoções eram vinculadas apenas ao rendimento. Mas hoje eu pergunto: como era possível o rendimento sem a capacitação necessária? Isso travava a gente.

Simplesmente não havia plano de carreira no passado. Meu chefe me ligava e dizia ter espaço para promover três pessoas. "Pensa rápido em quem você quer promover". A decisão sobre a promoção era algo muito subjetivo que ficava nas mãos do supervisor. Se ele tivesse uma discussão com o operador na véspera, poderia fazer uma besteira e deixar de dar uma promoção por causa disso. Hoje existe previsibilidade. A área de gente organiza tudo isso. Todos sabemos as entregas que precisam ser feitas e os treinamentos necessários para que a promoção seja possível.

Quando chega a data da movimentação, as lideranças consideram a avaliação de desempenho – essa é a fonte. Dela fazem parte o tempo de casa, a capacitação e a avaliação de competência. Isso gera uma nota que servirá de base quando surgirem futuras oportunidades. Quando não havia Trilha de Carreira, o funcionário não tinha interesse em fazer o curso do Senai. Não fazia sentido. Hoje, se não estiver cadastrado para um treinamento, ele próprio vai atrás. Antes isso não acontecia. Quando eu vim para a Nova Rio, passei trinta dias pedindo para ser mandado embora. Eu queria sair, achava tudo uma maluquice. Havia horário para chegar, mas não para sair. Ninguém sabia o que precisava fazer para ser promovido nem como seria o futuro. Agora isso é claro. Quando surgiu a nova Trilha de Carreira, não tenho nem palavras... Alguns operadores ganhavam mil reais e passaram a receber 5 mil. Eu fui operador por muito tempo. Nos dois últimos anos, faço um trabalho muito baseado no que eu busco para minha carreira na Nova Rio. A companhia já vem me direcionando para isso – estou na trilha para me tornar coordenador. Consequentemente, a minha trilha está andando. O passo a passo está claro para todo mundo. Começamos com a trilha da operação e, quando vimos que os resultados eram satisfatórios, começamos a pensar no técnico. A coordenação é o próximo passo.

Hudson Buzolini
Técnico de Produção

A máxima "na companhia é ruim ser bom" foi sendo substituída por "a companhia valoriza quem é bom", legitimando a meritocracia.

CAPÍTULO 8

O sonho grande no chão de fábrica

Os resultados iniciais foram surgindo tão logo as ações foram implantadas.

A adesão do time local ao projeto foi um fator determinante. Motivados a fazer a iniciativa dar certo, esses líderes tomaram para si o desafio de refundar a fábrica.

Coordenadas por eles, as ações ocorreram em cascata.

A revisão da política salarial e a melhoria na gestão de férias e no banco de horas tiveram reflexos imediatos. Eram medidas de alto impacto na qualidade do vínculo dos funcionários com a companhia. Algo que era bastante óbvio saltou aos olhos: aquelas questões envolviam as famílias dos funcionários; portanto, as esposas, os maridos e os filhos poderiam ser entusiastas da relação com a Ambev, o que de fato aconteceu.

Na categoria segurança, fomos convocados a atender às demandas a partir de uma perspectiva mais ampla, para além das condições de integridade física.

A frequente troca de gestores e a transferência de quem tinha menos de três anos de casa deixaram de ser aceitas, assim como as metas que pareciam irreais. Houve também a recalibragem de uma prática comum no setor – a contratação e a demissão repentinas, de acordo com as movimentações de curto prazo do mercado de bebidas. Seguindo a sazonalidade comum a outros segmentos, incluindo os shopping centers, a fábrica aumentava a produção no verão e a diminuía após o Carnaval. A partir de um melhor planejamento do quadro funcional, foi possível evitar as demissões no período de baixa demanda e recontratação no período de alta, mantendo um quadro mais estável ao longo do ano todo, que permite também melhor planejamento do treinamento do time, das férias e folgas. Todos esses fatores tinham grande impacto no clima motivacional e no engajamento.

No que diz respeito ao pertencimento, estávamos diante de outro fator determinante para esse novo cenário. Entendemos com o tempo que a integração ao time, a participação ativa em projetos e o sentimento (ou mentalidade) de dono, algo tão disseminado na Ambev, estavam diretamente relacionados. Não era possível esperar que um funcionário cujo laço com a organização estava frágil tivesse uma postura que agregasse liderança, protagonismo e responsabilidade sobre o dia a dia.

Iniciou-se um trabalho para gerar a integração que, consequentemente, levaria à sensação de pertencimento. A Nova Rio engajou os líderes nas contratações para as suas equipes e investiu na criação de um ambiente de cooperação para o alcance das metas. Criou-se uma atmosfera em que as pessoas se sentiam verdadeiramente à vontade para expor suas opiniões. Também foi dada uma atenção especial à comunicação interna, com treinamento para que os gestores melhorassem a relação com suas equipes. Eles passaram a contar, inclusive, com roteiros para auxiliá-los.

O gesto de aproximação se estendeu para o território pessoal, com pequenas e grandes festas para a celebração de metas alcançadas, inauguração de espaços e aniversários dos funcionários. As festas para os aniversariantes, que antes contavam com no máximo quinze participantes, começou a receber mais de cem pessoas, entre amigos e familiares, incluindo crianças. Mensalmente, a companhia passou a oferecer uma visita guiada para os familiares de quem trabalhava na operação e outros interessados em conhecer o espaço. Em pouco tempo havia fila de espera.

O oásis que muitas companhias globais faziam em seus escritórios, a Ambev agora tinha levado para um ambiente industrial. O orgulho transbordava.

Aos poucos, a fábrica passou a ser chamada de cervejaria.

Uma nova relação com o trabalho

Atendidas as necessidades fisiológicas, de segurança e de pertencimento, o Comitê de Gente pôde se debruçar sobre a autoestima e a autorrealização dos funcionários.

Estávamos lidando com algo muito delicado, que envolvia remuneração, mas não dizia respeito apenas ao dinheiro, que tocava em treinamentos, porém não se resumia a diplomas. A autoestima é algo subjetivo que se relaciona com elementos concretos do cotidiano, contudo é atravessada por sensações muito sutis. Ou seja, não adiantava aumentar salário se, paralelamente, não houvesse um claro reconhecimento de certas atividades, esforços e conquistas. Novamente, o fator humano era um imperativo.

Surgiu um conjunto de programas e práticas com o objetivo de potencializar as pessoas responsáveis por fazer a fábrica atingir suas metas.

Um desses programas foi a Trilha de Carreira.

Ela deu transparência e previsibilidade para que todos soubessem qual caminho percorrer para dar saltos na organização. Esse percurso demandava ciclos de formação técnica ou em gestão, algo que a Ambev também passou a fornecer sistematicamente em parceria com renomadas instituições de ensino, em uma escala que poucas companhias no Brasil e no mundo seriam capazes de fazer. Na área técnica, os cursos eram oferecidos pelo Senai. Saímos de cinco cursos para oitenta, dentro e fora da Ambev, no Brasil e no exterior, para todos os níveis hierárquicos.

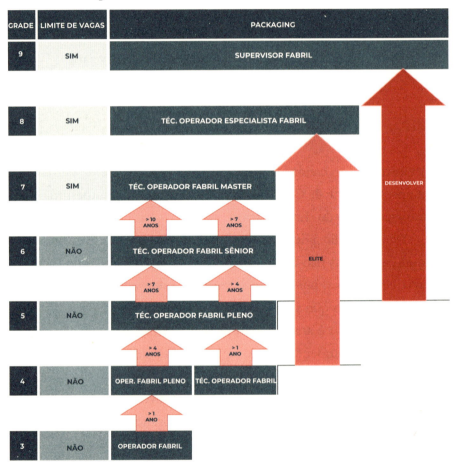

Figura 3. Trilha de carreira industrial.

O programa transformou radicalmente a relação com os operadores.

Como muitos deles tinham uma experiência de aprendizado ruim, cursaram no máximo até o ensino médio ou abandonaram

A inclusão
é um pilar
fundamental
para o
pertencimento.

os estudos para trabalhar e ajudar a família, havia uma oportunidade para preencher essas lacunas. Muitos diziam trabalhar para ajudar os filhos nos estudos e, quem sabe, permitir que a geração seguinte desse um passo que eles não puderam dar. Por outro lado, os operadores valorizavam profundamente o conhecimento e aqueles que o detinham.

Com a Trilha de Carreira, abria-se um campo para que eles sentissem orgulho da própria capacidade de aprender e usar esse conteúdo. Do cenário de falta de capacitação e de critérios claros para a promoção, a Ambev deu um salto gigantesco. Os métodos de andragogia, que trabalhavam as peculiaridades do ensino para adultos, eliminavam as eventuais barreiras e tornavam prazerosa a experiência de aprender. Todos passaram a saber quais conhecimentos – tácitos ou recém-adquiridos – eram necessários para entrar no páreo para uma promoção. Os operadores que dominavam um assunto ganharam o status de Elite e receberam a missão de ensinar os outros. Às vezes, eles saíam do Brasil para transmitir seu conhecimento em filiais da Anheuser-Busch InBev.

Para celebrar a travessia de cada um e dos grupos, passaram a ocorrer eventos de formatura em que os funcionários levavam seus familiares, cheios de orgulho. A relação com o próprio trabalho ganhou um novo sentido. Os olhos dos cônjuges, filhos e netos brilhavam, e isso não tinha preço.

Algo se transformava em um nível profundo na Nova Rio. A meritocracia estava sendo resgatada pela Trilha de Carreira, pelas ações de reconhecimento e de remuneração.

Por fim, a autorrealização era a necessidade mais elevada, aquela que se expressa quando as demais já foram consideravelmente satisfeitas. Com todas as etapas bem encaminhadas, era o momento de fazer da Nova Rio uma cervejaria de resultados extraordinários, em que as pessoas estivessem realizadas, sentindo-se parte imprescindível do processo e, ao mesmo tempo, divertindo-se, aprendendo e evoluindo com ele. Sim, nós buscávamos o que havia de mais evoluído no mundo do trabalho.

Para que isso se tornasse possível, as lideranças da Ambev tiveram de movimentar engrenagens importantes no imaginário da companhia. Isso passava por deixar de lado certo fetiche por diplomas de faculdades estreladas, um antigo motivo de orgulho da organização, e assumir que algumas funções seriam mais bem desempenhadas por aqueles que estavam ali ao lado, lutando para estudar e prontos para serem desafiados em um ambiente que premiasse o seu valor. Esse movimento foi muito importante e permitiu deixar de lado a idealização de certo perfil profissional, o que acabava contribuindo para o alto turnover.

No seu lugar desembarcaram profissionais que olhavam a Nova Rio como uma paisagem fértil em oportunidades – e lá queriam ficar.

O Sonho Grande passava a fazer parte da vida daquelas pessoas.

MINHA VIDA APÓS O COMITÊ DE GENTE

É muito emocionante ver um depoimento como este do Vinicius, Líder de Produção, que esteve tantas vezes conosco contribuindo para o sucesso do projeto. Um jovem que chegou à companhia aos 18 anos, enfrentou uma jornada de escola e trabalho estressante, abre o coração para nos fazer entender a razão que o leva a encerrar este depoimento com os dizeres: "E eu sigo querendo crescer".

Estou na companhia desde 2009. Cheguei aos 18 anos e fiquei dois anos como estagiário, depois fui efetivado. Conheço os períodos pré e pós-Comitê de Gente. Eu vim em busca de oportunidade de crescimento. Era um jovem estudioso e buscava uma vaga em uma multinacional. A chance de estar na Ambev na época encheu os meus olhos. Estava começando, mas já via a Ambev com a sua grandeza. Era a maior multinacional do país e eu queria muito entrar aqui, queria muito crescer. Logo após entrar na companhia, dei um novo passo nos estudos. Comecei um curso na Faculdade de Engenharia de Nova Iguaçu (RJ). Passei a conciliar uma rotina de trabalho puxado com um curso puxado. Após o período de estágio, consegui ser contratado para a área que eu queria (a antiga área de Engenharia, que mais tarde foi unificada pelo projeto, integrando as áreas de Produção e Manutenção).

Quando eu juntava essas duas situações, acabava tomado por um nível de estresse muito alto. Saía da Ambev com muitos problemas e chegava na faculdade com a cabeça quente. No fim de semana eu me esforçava para estudar, só que na segunda-feira voltava à rotina alucinante e a um nível de estresse altíssimo.

A ROTINA NA FÁBRICA

Meu dia a dia era muito estressante por causa do ambiente da fábrica. A vida de trabalho era muito desgastante, faltavam recursos e gerenciamento. O uso das ferramentas, por exemplo, era um problema. Quando havia um contratempo e a linha de produção parava, eu normalmente precisava de uma peça para manutenção. Daí eu fazia uma requisição e ia para o almoxarifado, onde tinha que esperar vinte, trinta, quarenta minutos em uma fila. E a linha seguia parada, com o supervisor, o meu gerente e o gerente de produção no meu pé perguntando quando eu ia voltar. Eu seguia na fila esperando a peça. Daí, já com a peça, chegava a hora de fazer a manutenção e, surpresa, faltava a ferramenta. Nós não tínhamos a ferramenta, algumas delas – específicas para certo tipo de manutenção – sumiam por meses. A saída era buscar emprestado, e a linha seguia parada, com todo mundo esperando-a rodar. E eu à procura de coisas básicas – ferramenta e peça.

Após o trabalho do projeto, passamos a contar com a workstation, uma estação de trabalho que fica próxima ao equipamento. Ali ficam as peças básicas principais para a manutenção. Hoje, quando preciso fazer manutenção, vou até ali e pego o que eu necessito no momento. É rápido, sem burocracia, não preciso de uma ordem de serviço, nem ir ao almoxarifado. Simplesmente penso no problema, vou na workstation e resolvo o que precisa ser resolvido. Com isso, reduziu o estresse meu, da minha liderança e da minha equipe. De todo mundo. É uma cadeia. Isso começou em 2017.

AS LIDERANÇAS PRÉ E PÓS-COMITÊ DE GENTE

Faltavam recursos e não existiam muitos dos benefícios que temos hoje. Se eu tivesse que resolver algo pessoal, fazer algo como ir ao banco, isso causava uma tensão tremenda e eu acabava tendo que pedir uma folga. Se tivesse um problema pessoal e precisasse me ausentar um pouco ou faltar em um dia de trabalho, essas situações não eram entendidas pelo meu supervisor. Tínhamos muitos atritos. Para ir ao dentista, por exemplo, eu tinha que pedir uma folga do trabalho.

Era complicado. A liderança era focada apenas em método e resultado. Não entendia que o bem-estar do funcionário agregaria à eficiência no trabalho.

De uns anos para cá, comecei a perceber que as coisas estavam mudando. Chegou o momento em que as lideranças da Ambev entenderam que o resultado seria bem melhor se houvesse uma atenção maior aos times. A liderança então passou a ser um pouco mais humana e a se preocupar com o engajamento e a satisfação das equipes. Nesse período, começamos a ver a movimentação do Comitê de Gente. Mudou tudo. Ficou muito melhor.

Hoje os líderes são mais humanos e conseguem enxergar o lado pessoal do funcionário. O líder fica muito mais próximo das necessidades do time, enxerga o que ele precisa. São mudanças profundas e ocorreram de forma bem natural.

Se você correlacionar a implantação do Comitê de Gente, as melhorias na nossa vida – em rotina de trabalho, estrutura, bem-estar – e os resultados da cervejaria, vai ver que o ganho de todos é diretamente proporcional. Com o investimento no time, o resultado da companhia foi crescendo. Estou aqui dentro vivendo tudo isso.

Atualmente, não precisamos sair da fábrica para resolver muitos problemas – aqui temos uma agência bancária com gerente à disposição dos funcionários. Não preciso gastar três, quatro horas em uma fila – resolvo tudo aqui mesmo em quinze, vinte minutos. Outro benefício foi o Espaço Saúde, onde temos médico, fisioterapeuta e dentista. Hoje, eu sou um dos usuários entusiastas de todos esses benefícios.

UMA MUDANÇA DE DENTRO PARA FORA

Com o passar dos anos, eu tive bastante dificuldade em conciliar a vida de trabalho e a vida pessoal. Isso me causou um estresse muito grande e, na época, passei a ter problemas devido à ansiedade. Eu descontava o mal-estar comendo muito, até chegar ao ponto de pesar 100 quilos. Era bem gordo para meu biótipo. Quem me auxiliou no meu tratamento foi o dr. Caio Bastos Máximo, endocrinologista que hoje trabalha no Espaço Saúde, uma das criações do Comitê de Gente.

Quando o dr. Caio chegou à Ambev, fiquei um pouco receoso, não sabia se o benefício era pra valer. Não imaginava que a companhia poderia colocar um especialista aqui para cuidar da minha saúde. Mas, ao entender que o benefício realmente funcionava, fui bater um papo com ele. Comecei a usufruir do serviço assim que ele foi lançado.

O tratamento começou no início de 2018, quando eu concluía minha graduação. Eu estava muito fora do meu peso. Precisava conciliar atividade física e uma dieta para sair dessa situação. O dr. Caio me passou uma rotina de alimentação e receitou medicamentos para auxiliar na perda de gordura. Mas reforçava que, para recuperar o meu peso anterior, eu tinha que me empenhar nesse processo e levá-lo muito a sério.

Outro benefício fundamental foi o serviço que permite usarmos diversas academias em vários lugares diferentes. Isso ajudou muito porque me permitiu amplificar a possibilidade de fazer exercício. Quando ainda estava na faculdade, eu conseguia usar a academia logo em frente. No fim de semana eu podia usar a academia perto de casa. Assim, podia malhar todos os dias.

Sempre fiz atividade física e nunca tinha pesado mais de 100 quilos. Estava muito acima do peso, com o meu percentual de gordura corporal altíssimo. Isso influenciava em várias coisas: autoestima, libido e disposição – eu acordava cansado e tinha dificuldades para dormir, o que me fazia chegar à companhia menos disposto. Seguindo dieta e orientações, atingi o meu objetivo. Hoje peso 88 quilos. Trabalho a madrugada toda e sigo inteiro. Quem me proporcionou isso foi a Ambev.

DO QUE SÓ É POSSÍVEL QUANDO FEITO EM GRUPO

De cara, em seis meses, emagreci cerca de 10 quilos. Seguindo a dieta e a rotina de treino, saí do pior dos mundos para uma rotina. Sigo com o tratamento e hoje sou atleta de crossfit. É uma situação totalmente diversa da que eu vivi em 2019, quando estava acima do peso. Isso foi possível graças às mudanças na cervejaria.

Agora eu tenho outro objetivo: estou praticando crossfit a sério, como atleta. Estou competindo, por isso meu objetivo é perder o máximo de gordura e ganhar massa magra. O dr. Caio continua me auxiliando. Isso me faz pensar – não sei se conseguiria fazer isso na antiga Ambev. Como seria nesse caso? Será que conseguiria ir a um médico fora? Conseguiria fazer academia? Teria tratamento ortodôntico aqui?
Contar com um dentista é outra coisa que me beneficia demais. Eu não conseguia estudar, trabalhar, cumprir a rotina de treino e ainda agendar um tratamento ortodôntico, que é algo que eu precisava fazer havia tempos. Cuidar dos dentes acabou também influenciando na minha perda de peso. Como a minha mordida era cruzada, eu não mastigava o alimento direito. Isso atrasava a digestão e influenciava no peso.

O LADO HUMANO COMEÇOU A FICAR MAIS VISÍVEL

A Ambev também investiu muito em ergonomia. Em 2018, foram investidos 5 milhões de reais em equipamentos para melhorar a ergonomia do funcionário. Antigamente, quando o operador precisava transportar uma caixa de rolha, que é o termo técnico que usamos para tampinha, ele fazia todo esse processo "no braço" – abaixava, levantava e colocava em outro lugar. Fazia isso mais ou menos cinco vezes por hora. Oito horas por dia. Algumas pessoas faziam isso durante cinco anos.
Imagine quantas vezes um operador teria que fazer esses movimentos carregando peso. Ainda que houvesse orientação sobre o modo correto de se carregar a caixa, era certo que, após certo tempo, o operador sofreria de dor na coluna. A Ambev enxergou essa necessidade e trabalhou nisso. Hoje existe um equipamento pneumático que faz toda a força. Quanto isso poupa da saúde dos operadores?
Nessa mesma linha, a cervejaria passou a contar com um carrinho para entrarmos debaixo do maquinário. Antes da existência desse carrinho, apenas cobríamos o chão com papelão para não sujar a roupa. A

Ambev também entendeu a necessidade disso e levou esses carrinhos para a planta. Isso facilitou muito a vida do operador da manutenção. Os investimentos são constantes, o que nos faz entender que a empresa realmente está se preocupando com o nosso bem-estar.

No passado, os colegas mais velhos vinham me dar conselhos: "Cara, vai embora, você é novo. Olha o estresse que a gente está vivendo. Tem certeza de que quer ficar? Você quer virar supervisor? Olha o estresse que o supervisor vive. Todo dia tem alguém no ouvido dele. Você quer isso para a sua vida?". Isso era dito por pessoas de 35, 40 anos com certo prestígio. Ao mesmo tempo, eu pensava que iria chegar o momento em que a empresa me daria uma oportunidade de crescimento.

Daí foi saindo gente e, com o tempo, a Ambev foi mudando. A companhia passou a olhar mais para o lado humano. Tudo o que o Comitê de Gente trouxe para minha vida particular foi só satisfação. Em paralelo, uma hora a oportunidade chegou e eu pude me tornar um líder de produção. Era o que eu buscava aqui desde que entrei na companhia. Foi um reconhecimento do meu trabalho. Por tudo isso, ao saber das mudanças, a galera que saiu daqui há tempos me pergunta como faz para voltar.

E eu sigo querendo crescer.

Vinicius Lourenço Bardi
Líder de Produção

CAPÍTULO 9

A grande virada

Depois de algum tempo, novos resultados começaram a aparecer. Após cerca de um ano e meio, surgiram dados melhores de *eficiência de linha* e, com isso, o avanço de todos os outros indicadores industriais. Na última reunião do ano de 2012 do Comitê de Gente, a fábrica atingiu seu melhor resultado em três anos.

A *eficiência de linha* alcançou a marca de 68,2%, quase quatro pontos percentuais acima dos 64,9% obtidos em 2011. Em relação aos serviços gerais e TI, duas áreas críticas, o nível de insatisfação dos funcionários caiu consideravelmente. A meta de 80% na eficiência ainda estava distante, mas algo começava a se movimentar.

Formava-se uma conjuntura positiva. A partir de então, a melhoria dos indicadores de inovação seria muito relevante. Diante de consumidores cada vez mais exigentes, a cervejaria foi desafiada a lançar novos produtos e embalagens. Nesse ambiente fomentado pelo projeto, o conhecimento acumulado e a busca por alta performance (com qualidade) levaram a um expressivo aumento das inovações. Uma das rotas do conhecimento na companhia é a experiência das pessoas, mostrada no gráfico seguinte.

Esse gráfico, demonstrando o tempo médio de experiência das pessoas em anos, foi muito relevante para a nossa análise. Quanto maior o tempo médio, a "experiência" do grupo é maior, bem como o "conhecimento acumulado". Isso se traduz em produtividade.

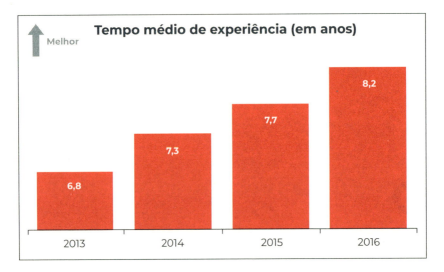

Gráfico 8: Tempo médio de experiência das pessoas na Cervejaria Rio de Janeiro..

Em um cenário no qual as tendências eram promissoras, o entusiasmo com o nosso trabalho se espraiou por todos os lados. Os recursos para fazer o que era preciso eram facilitados, pois os ganhos financeiros trazidos pelo trabalho do Comitê de Gente eram evidentes. Nos corredores, a Nova Rio era chamada com orgulho de "cervejaria".

Parte do argumento estava dada.

A liderança da cervejaria passou a levar as equipes para apresentar suas ideias de melhorias implantadas. Eram sessões de reconhecimento que validavam as boas práticas e celebravam a participação das pessoas nessa nova forma de gestão.

E agora, como manter os resultados?

O objetivo seguia sendo a sustentação de um bom resultado no médio e no longo prazo. Os gráficos de desempenho da Nova Rio durante os nove anos anteriores mostravam uma imagem que lembrava um serrote. Após o esforço para melhorar os resultados, registrava-se uma alta dos indicadores, mas logo os resultados despencavam. Depois surgia uma nova força-tarefa, a situação melhorava, porém voltava a cair. Ficava claro que, além de potencializar o fator humano, era imprescindível trabalharmos um dos pilares da Falconi: **a gestão da rotina**.

Sem uma rotina muito bem estruturada, não era possível manter o resultado alcançado. Vários programas de incentivo eram iniciados com entusiasmo, geravam resultados louváveis e até certa euforia em um primeiro momento. No entanto, como faltava um olhar para elementos básicos de processos e rotinas, rapidamente o progresso obtido naquele período passava a ser página virada. Isso havia se repetido várias vezes, o que configurava precisamente a imagem da lâmina de um serrote.

Os membros do Comitê de Gente eram conscientes do desafio. O meio de evitar que os erros do passado se repetissem se deu pela criação de um cronograma de reuniões dedicadas exclusivamente à discussão do status dos avanços. Eram encontros em série, realizados, sobretudo pelas lideranças locais, para resolver as anomalias do processo antes que estas chegassem ao Comitê de Gente. Nessas reuniões, os responsáveis pelas ações apresentavam o resultado sem censura. Havia um esforço coletivo para que todos falassem das falhas sem medo nem constrangimento.

No longo prazo, o desafio era chegar à meta de 80% de *eficiência de linha* – e seguir nela. Permanecer no patamar de excelência passaria a ser o próximo grande desafio. Novamente, isso só seria possível com o trabalho voltado às necessidades humanas, refletido nos indicadores de turnover e de engajamento.

Confirmava-se no dia a dia, de forma consistente, a nossa tese de que quanto maior o cuidado com as pessoas, maior seria o reflexo nos indicadores.

A reprodução das melhores práticas

A Nova Rio era o laboratório de um projeto piloto.

Quando o turnover deu os primeiros sinais de queda, identificamos ações que traziam ganhos rápidos (*quick wins*) e criamos *tool kits* com práticas simples que davam certo e poderiam ser adotadas sem obstáculos em outras unidades. Assim, tão logo foi comprovada a eficácia de uma medida, tornou-se possível disseminá-la em outras unidades, o que expandia os ganhos e dava força à iniciativa.

Com o tempo, os *kits* se tornaram um guia muito detalhado sobre como fazer diversas atividades. Eles ensinavam a criar um Comitê de Gente local – as questões de cada fábrica eram diferentes –, fazer análises para identificação de problemas, além de implantar ações e avaliar a sua eficácia. Tratava-se de um material minucioso, que comportava problemas distintos da mesma organização.

Às vezes, o problema não tinha absolutamente nenhuma relação com o que encontramos na Nova Rio, não estava no vestiário nem no refeitório; portanto, era preciso mostrar o caminho para implantar o processo, sem copiar as soluções. A nossa mensagem foi clara: crie um projeto de decisão, envolva as pessoas na coleta dos dados e na análise do problema, avalie as conclusões, colha as sugestões, implemente as ações e monitore os resultados. Algo que a Falconi fizera dentro de casa e para os seus clientes durante toda sua história.

Nesse ambiente fomentado pelo projeto, o conhecimento acumulado e a busca por alta performance (com qualidade) levaram a um expressivo aumento das inovações.

O DESAFIO DO IMPOSSÍVEL

Essa sensibilidade para replicar o processo de forma customizada foi muito importante, já que a tendência nesses casos é copiar o que deu certo – da mesma forma e para todo mundo. As únicas coisas que todo mundo tinha que fazer igual eram envolver as lideranças e colaboradores, analisar o problema a fundo, implantar os *quick wins*, que eram sabidamente aplicáveis a qualquer cenário, e enfrentar o problema. Fora isso, cada caso seguiria um plano.

O Comitê de Gente passou a fazer reuniões itinerantes para reconhecer as unidades que estavam implantando as boas práticas da cervejaria piloto.

Em 2013, os *tool kits* foram levados a sete plantas da Ambev: Cervejaria Equatorial (São Luís, MA), Arosuco Rolhas (Manaus, AM), Fábrica de Vidros (Campo Grande, RJ), Cervejaria Águas Claras do Sul (Águas Claras, RS), Cervejaria Pernambuco (Itapissuma, PE), Refrigerantes Jundiaí (Jundiaí, SP) e Cervejaria Cuiabá (Cuiabá, MT). No ano seguinte, mais seis cervejarias espalhadas pelo Brasil aderiram ao *tool kit*. Daí em diante, a Ambev levou as melhores práticas a todas as praças.

Realizava-se o desejo de fazer do Comitê de Gente não um projeto isolado de uma unidade, mas uma nova maneira de cuidar de gente na companhia.

A LUTA E A CONQUISTA

A história da Maria Luiza é uma inspiração para todas as pessoas que sonham com um futuro melhor e aprendem a chegar lá. Como ela ingressou na companhia em 2013, muitas ações de melhoria já haviam sido implantadas, principalmente os critérios da meritocracia. Ser mulher ou estudar na universidade A ou B já não era relevante. O importante era saber fazer parte do sonho grande. É muito gratificante ver que a sua trajetória é vencedora e alimenta as suas possibilidades futuras.

Cheguei na Ambev em 2013. Sou formada em Engenharia de Produção. Entrei como técnica operadora e, assim que cheguei aqui, começou a funcionar a Trilha de Carreira. Essa iniciativa deu transparência e previsibilidade em relação às carreiras e aos critérios para promoções a funcionários de todas as áreas e níveis hierárquicos da cervejaria. Foi mais uma coisa que surgiu com o Comitê de Gente.
Quando eu entrei, tive a melhor classificação que existia na companhia. Com um ano de casa, fui promovida a Técnica Operadora Plena. Foi bem legal porque eu estava superempolgada ao entrar na Ambev, daí passou um ano e eu já tive uma movimentação baseada no meu próprio desempenho. Continuei como técnica e, depois de dois anos na área, como eu continuava desempenhando meu cargo muito bem, a minha supervisora me indicou para o programa de bolsa de estudos. Fui aprovada.
Dos cinco anos do curso de Engenharia na Universidade Veiga de Almeida (UVA), três eu paguei com recursos da bolsa, o que foi muito bom. Setenta por cento da mensalidade foi paga pela Fundação Zerrenner, que recebe recursos da Ambev. Eu trabalhava na Ambev e fazia faculdade particular na UVA. É uma universidade boa, mas custava mais de 2 mil reais, valor que eu não poderia bancar apenas com o meu salário. Com a bolsa eu consegui: cursei Engenharia e me formei. Mais tarde, fiz o Programa Desenvolver.
O operador, quando tem o perfil de líder e quer ser líder, pode ser indicado para esse programa. Ele passa por algumas etapas de entrevistas

com gerentes de fábrica e especialistas de gente e gestão, faz provas de lógica e conhecimentos intermediários de inglês. Depois, passa por treinamentos básicos de gestão de tempo, trabalho em equipe e jurídico para desempenhar uma função de liderança.

Eu passei por todo esse processo e fui aprovada no Programa Desenvolver. Nele, tive que criar um PDCA, método de solução de problemas para melhorar um indicador. Meu trabalho gerou uma redução de consumo de soda, o que trouxe uma queda de custos e um ganho de recursos para a companhia. Fui aprovada no programa com um trabalho reconhecido como o melhor da turma na época. Me tornei supervisora e, mais tarde, fui para a área de meio ambiente. Era o meu sonho.

A MOTIVAÇÃO PELO RECONHECIMENTO

Logo depois de ingressar na Ambev, em janeiro de 2013, eu comecei a cursar Engenharia na faculdade. Pensei: Beleza, agora eu posso pagar a minha faculdade. Cheguei a entrar em uma universidade pública, mas o curso era em período integral. Entre ficar na faculdade pública em período integral e vir trabalhar aqui, eu achei mais interessante vir para cá. Passei na UERJ, na UFF e na PUC. Pensando na minha carreira, preferi ficar aqui e fazer uma faculdade particular. A UVA era uma faculdade bem avaliada pelo MEC e a minha gestora aprovou a bolsa. Decidi ir pra lá.

Foram cinco anos na Engenharia. Eu me formei e depois assumi o cargo na supervisão. Se isso tivesse ocorrido antes, eu não teria conseguido fazer a faculdade com a qualidade que fiz, pois eu trabalhava e estudava, o que não era fácil. Para dar conta de tudo, eu tinha muito suporte da minha supervisora. Quando eu precisava estudar para as provas, usava o meu banco de horas. Temos essa flexibilidade. Se alguém precisa estudar, pode usar as horas registradas como hora extra. Eu tive isso quando fui operadora e hoje ajo da mesma forma como gestora.

Desde abril de 2019, sou Supervisora Plena. Ou seja, nesse ano, tive mais uma mudança na minha trilha de carreira, dessa vez para a liderança. O principal ponto que me motiva aqui dentro é o reconhecimento. Não falo apenas do "Parabéns, você está fazendo um bom trabalho". Estou falando de tudo isso que eu descrevo aqui. Nessa linha, a Ambev pagou a minha faculdade e, hoje, estou fazendo um MBA totalmente pago pela companhia, com especialização em cervejaria – algo que me ajudará a alçar o cargo de Gerente.

Quando entrei na companhia, eu tinha muito claro que gostaria de ser líder.

Hoje eu sou Supervisora Plena e quero ser Gerente. Isso é bem claro para mim e alinhado com a minha gestora. A minha Trilha de Carreira e o meu Programa de Desenvolvimento são totalmente voltados para isso. Eu faço a minha parte e a minha gestora me ajuda a chegar lá me dando desafios para eu provar que posso.

Hoje o meu salário é quatro vezes maior que o de 2013. Eu trabalho para ganhar dinheiro, mas não adianta trabalhar só para isso. Esse é o meu pensamento. Posso receber uma proposta para ganhar muito mais em outra empresa, mas eu não vou avaliar só o salário. Eu avaliaria as chances de crescer e me tornar Gerente, Diretora ou Sócia. Aqui na Ambev eu sei que posso chegar a uma diretoria e até me tornar sócia.

Em três anos na supervisão, quero chegar a uma gerência. Em cinco anos em uma gerência, quero chegar à gerência de fábrica. É o que eu projeto para a minha carreira e o que eu falo para a minha gestora. Tem outros programas para acelerar isso – a especialização dura três anos e depois é possível dar um salto. Mas procuro reservar algum tempo para a vida pessoal, o que é saudável. Não quero acelerar demais.

FOCO NO QUE DÁ CERTO

Minha mãe é professora. Sempre me incentivou a estudar e trabalhar. Somos só eu e ela; não conheço o meu pai. Ela sempre incentivou o meu empoderamento, dizia que eu deveria trabalhar, ganhar o meu dinheiro. Ela me encorajava a fazer o curso técnico, dizia que isso poderia me ajudar a entrar em uma empresa grande, ganhar o meu dinheiro e crescer. Foi ela quem trouxe o meu currículo na Ambev e entregou para um conhecido. Eu gosto da companhia, mas a minha mãe... Se um dia eu disser que vou sair daqui, ela vai achar que estou totalmente maluca.

Ela fala brincando: "Filha, você tem 26 anos e ganha mais do que eu, que tenho mais de 50 anos e trabalho há trinta". Entre os meus colegas de faculdade, a maioria não está em um cargo de liderança; fizeram estágio, mas não foram efetivados. Hoje eu tenho um apartamento meu, que eu comprei e montei. Tenho carro desde os 19 anos. Comprei meu carro trabalhando aqui. Coisas que nenhum colega meu tinha nessa idade. Trabalho muito, mas consigo construir vitórias pessoais por meio do trabalho.

Quando eu era operadora e fazia faculdade, às vezes dormia cinco horas por noite e vinha trabalhar. Ficava cansada e dava o meu máximo. Minha mãe dizia: "Filha, você está em uma empresa boa, vai se formar e vai crescer. Vai dar certo".

Já deu.

Maria Luiza
Supervisora da área de Meio Ambiente

Realizava-se o desejo de fazer o Comitê de Gente não um projeto isolado de uma unidade, mas uma nova maneira de cuidar de gente na companhia.

CAPÍTULO 10

Metas superadas – uma cultura transformada

A desafiadora meta de *eficiência de linha* (80% em 2017) foi alcançada um ano antes do previsto – e vem sendo anualmente superada.

Em 2018 e 2019, a Nova Rio superou todas as expectativas, atingindo 84,9% e 87%, respectivamente. Os resultados gerais da Ambev não ficaram atrás nesses anos: 85% e 87,7%, revelando que rapidamente as melhores práticas da cervejaria foram disseminadas por outras unidades da companhia Brasil afora. Enfim, qualquer possível dúvida sobre a possibilidade de atingir esse patamar caiu por terra.

O turnover seguiu a mesma rota. Em 2015, dois anos antes do previsto, o indicador chegou a 4% ao ano, dois pontos percentuais abaixo da meta de 6%. O que veio a seguir seria um sucesso estrondoso em qualquer setor e um imenso motivo de orgulho: 4,1% (2015), 3,5% (2016), 3,5% (2017), 3,2% (2018), 2,4% (2019) e 2,16% (2020). Na mesma linha, a Ambev reproduziu o que dava certo e passou a colher os frutos: 5,7% (2015), 4,9% (2016), 3,8% (2017), 4,4% (2018), 3,6% (2019) e 3,45% (2020). É um turnover praticamente biológico, já que entram nessa conta fatores como a aposentadoria dos funcionários. Ou seja, está comprovado cientificamente que o resultado se sustentou.

O DESAFIO DO IMPOSSÍVEL

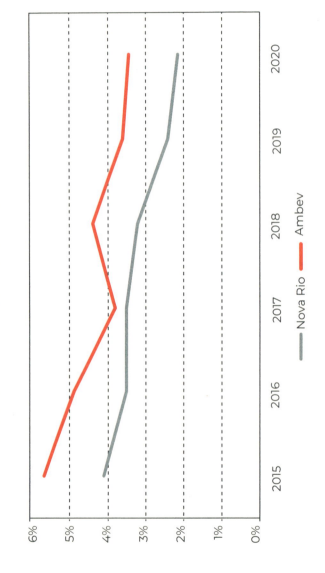

Gráfico 9: os valores de turnover mostram que o resultado se sustentou ao longo dos anos.

Tão ou mais importante que isso é o fato de o resultado ser sustentado por meio de novos padrões e comportamentos. Para que não houvesse novamente o efeito "serrote" foram criados Comitês de Gente locais que se tornaram guardiões desses norteadores, promovendo uma abordagem preventiva sobre os fatores de satisfação e insatisfação das pessoas, evitando a perda de talentos e do conhecimento acumulado na empresa. Uma nova cultura de fato foi criada na cervejaria.

Um projeto se define por ter uma data para começar e outra para terminar. Com o tempo, o que se passou na Nova Rio deixou de ser um projeto para ser de fato um novo modo de fazer a gestão de pessoas e atingir as metas. Tornou-se um processo. Sua força como eixo mobilizador de inúmeras iniciativas tem ajudado a companhia a atravessar todo tipo de turbulência, entre crises econômicas, políticas e sanitárias, sem perder esse novo grau de excelência. Os pilares levantados anos atrás se mantiveram firmes e sólidos durante a transição de figuras do primeiro escalão da Ambev.

O Comitê de Gente ganhou uma versão local, sua reunião entrou para o calendário da operação e os rituais que pareciam temporários foram incorporados à cultura da cervejaria. Criou-se um gosto genuíno e espontâneo pela celebração dos resultados, dos aniversários, das conquistas pessoais e coletivas dos funcionários. Ao renovar seus votos na excelência, a maior cervejaria do mundo mostrou que o lucro, a inovação e a sustentabilidade podem conviver muito bem com o olhar humano.

Nós, da Falconi, tivemos a alegria de participar de eventos com a presença dos familiares dos funcionários da Nova Rio. Era impossível não nos emocionarmos todos juntos. O orgulho das conquistas estava circulando no ar, era palpável nos sorrisos, nas batucadas, nos gritos de guerra e na acolhida que recebemos ao nos juntarmos a eles.

Os números eram fundamentais, mas, para além deles, o ambiente tinha sido tomado por uma atmosfera cuja energia transformava as pessoas, as dinâmicas de trabalho, as maneiras de conviver e até a relação dos funcionários com suas próprias famílias. A participação de todos em eventos deixou de constar no plano de ações, pois passou a ocorrer espontaneamente, um claro sinal de que as mudanças tinham criado raízes.

Era uma história como a do bambu chinês que fica debaixo da terra mais ou menos cinco anos, processando o seu desenvolvimento. Nesse período, as suas raízes criam uma sólida estrutura – vertical e horizontal – para sustentar a planta, que, mais tarde, quase que silenciosamente, vai crescer dezenas de metros.

O aprendizado estava pronto para ser compartilhado.

O engajamento que cria possibilidades

Os anos que se passaram entre o início do projeto e o lançamento deste livro foram um verdadeiro teste da consistência das melhorias.

Nesse tempo, houve renovação das lideranças na Nova Rio e na direção da companhia, mas a cultura sonhada no início do Comitê de Gente foi se consolidando gradativamente. Os resultados foram a melhoria no ambiente da fábrica e na relação com as pessoas e, consequentemente, um maior engajamento não só na Nova Rio, mas em todas as demais plantas da Ambev que implantaram o Comitê de Gente local, a partir do *tool kit* disseminado e das orientações do time da Ambev.

Ao renovar seus votos na excelência, a maior cervejaria do mundo mostrou que o lucro, a inovação e a sustentabilidade podem conviver muito bem com o olhar humano.

Gráfico 10: Melhoria do engajamento industrial na Ambev Brasil.

Retornamos recentemente à cervejaria Nova Rio, agora denominada Cervejaria Rio de Janeiro, para entrevistar os profissionais envolvidos, em especial os da base operacional. Encontrar as mesmas pessoas trabalhando ali tantos anos depois foi uma demonstração instantânea de que o turnover continuava baixo. Entre surpresos e emocionados, eles relembraram a experiência dessa grande mudança e encheram o peito para falar do orgulho de receberem, pela primeira vez, o reconhecimento da companhia como a cervejaria campeã no Programa de Excelência. Com isso, podem sonhar em concorrer ao Campeonato Mundial.

Aquela baixa autoestima que percebemos no início do trabalho havia ficado para trás, nascendo, no seu lugar, o orgulho de se tornar uma referência para as demais cervejarias da Ambev. Aqueles funcionários se sentiam importantes por terem participado de um projeto que se concretizou pelo engajamento deles próprios, e cujas boas práticas estavam sendo adaptadas nas outras plantas, dando bons resultados.

O projeto deu tão certo que passou a ser reproduzido em diversas áreas da Ambev, mesmo aquelas cuja dinâmica era muito distante das fábricas, como o caso da área de vendas. A adesão aos princípios do Comitê de Gente foi tamanha que, em certo ponto do nosso trabalho, o CEO nos disse que, ao apresentarmos o projeto, poderíamos pular a parte de sensibilização, pois ele e os demais líderes já estavam completamente convencidos a partir dos resultados já alcançados.

Nós, da Falconi, já havíamos trabalhado em outras empresas nas quais o foco do trabalho passava pelas pessoas. No entanto, o projeto da Nova Rio foi o mais desafiador em muitos aspectos – suas dimensões, a complexidade das operações, o histórico de resultados ruins, o turnover alto e o entorno perigoso.

Testemunhamos a força de uma alta liderança comprometida e a dedicação da equipe interna no projeto. Ambas não mediam esforços nem tempo para se dedicar às análises e demais atividades do projeto. Esses foram os principais elementos a potencializar os ativos levados pela consultoria. Em pouco tempo, eles entusiasmaram aquela gente ávida por melhorar o ambiente, as relações e os resultados.

Aprendemos muito com essa experiência, mas nada se compara à emoção dos depoimentos e manifestações para mostrar a gratidão e a alegria por todas aquelas melhorias. Pudemos comparar o antes e o depois das instalações do restaurante, do cardápio, dos ônibus, dos layouts das áreas, das comemorações, dos rituais de reconhecimento, das capacitações e do jeito verdadeiro de mostrar o que é ser dono.

Voltamos a nos encontrar recentemente para aprendermos juntos a contribuir para uma sociedade em momentos difíceis. A Ambev é hoje um terreno fértil para abrigar uma nova política de pessoal, aberta à diversidade, à ascensão de mulheres, negros e pardos às posições de liderança, a ações de compartilhamento de conhecimentos de gestão com outras organizações e muitas outras ações que mostram

O DESAFIO DO IMPOSSÍVEL

a nova face da Ambev dentro do seu propósito de auxiliar o mundo a ser melhor. A Ambev e a Falconi atuam nos Objetivos de Desenvolvimento Sustentável (ODS), no Movimento Nacional de Segurança Viária visando à melhoria da gestão da segurança no trânsito. Ambas as companhias se tornaram mais humanas, e por isso, mais fortes, mais capazes de ousar no impossível.

O impossível hoje é relatar todos os detalhes e alcances dessa transformação.

O possível é bater metas aparentemente impossíveis.

O impossível hoje é relatar todos os detalhes e alcances dessa transformação. O possível é bater metas aparentemente impossíveis.

CAPÍTULO 11

Desafiando o seu impossível

Preparamos este espaço especial para que, a partir de tudo o que viu sobre a transformação realizada na Ambev, você faça uma reflexão que lhe permita alcançar o impossível também em seu negócio. Apesar de as ações citadas no livro serem todas reais e eficazes, implementadas nas cervejarias da Ambev e da Anheuser-Busch InBev, elas não são necessariamente aplicáveis a qualquer negócio. Na própria Ambev, este trabalho foi realizado posteriormente também na área de Vendas com grande êxito e ótimos resultados, mas sem "cópia e cola", simplesmente porque os problemas são diferentes, as necessidades das pessoas são diferentes. Apesar de a tentação ser grande, não vá direto para as ações. Siga o processo de desenvolvimento da solução a partir do entendimento dos seus problemas relacionados a sua meta.

Você poderá utilizar os espaços a seguir para dar o primeiro passo em sua nova jornada.

O DESAFIO DO IMPOSSÍVEL

Qual meta, hoje, é aparentemente impossível de se concretizar na sua empresa?

Analisando a empresa em que atua, qual tem sido o maior gargalo que limita os seus resultados? Qual é a meta que dará um frio na barriga, mas que mobilizará todo o time?

_____
_____
_____
_____
_____
_____
_____
_____
_____
_____
_____
_____
_____
_____
_____
_____
_____
_____
_____

Quais os impactos que a motivação e o engajamento do time têm tido nos seus resultados? Qual é o resultado que, se alcançado, trará um sentimento de vitória e pertencimento a todo o time?

Diagnóstico da relação da equipe com a organização

Como está a conexão do time com o propósito da organização? Todos compactuam da mesma postura e atitude em relação à empresa ou há um descompasso entre profissionais muito motivados e outros desengajados?

A liderança inspira e patrocina ativamente a transformação, participando dos projetos de melhoria?

O DESAFIO DO IMPOSSÍVEL

A comunicação flui de modo claro e eficiente entre todas as pontas da organização ou é realizada com muitos ruídos?

Pensando em como construir um Comitê de Gente na sua organização, identifique pessoas de decisão, estruture cronograma e rituais, forme uma equipe para interligar as decisões às ações e tenha uma forte liderança local para inspirar e impulsionar as melhorias. Lembre-se: a equipe implementadora tem a missão essencial de cuidar do percurso, fornecendo informações e medidas para que o Comitê verifique os resultados, redirecione o plano e proponha celebrações enquanto se caminha rumo a transformação da cultura.

Problemas frequentes

Como falamos diversas vezes ao longo do livro, durante o trabalho desenvolvido junto com a Ambev, antes de partirmos para as mudanças efetivas era preciso mapear corretamente os problemas para, em seguida, mergulharmos nas causas reais. Por isso, após definir o seu Comitê de Gente, é hora de estruturar o modelo de atuação do grupo para que, mais do que um projeto, essa ação se transforme em uma maneira de pensar e fazer gestão na organização.

Assim, recomendamos os seguintes passos para que sirvam como um norteador dos primeiros passos do Comitê de Gente:

1. **Defina o cronograma e os responsáveis pelas pesquisas dos problemas recorrentes e que estão atrelados às metas aparentemente impossíveis.** Caso todos os participantes do Comitê sejam integrantes da organização, pode ser interessante uma ação mais dinâmica para que tenhamos olhares diversos aos problemas de cada área. Por exemplo, o líder da área comercial realiza as entrevistas com o time de marketing para captar a visão dos colaboradores sobre os problemas, e assim sucessivamente. Realize grupos focais com pessoas de diferentes departamentos juntas.
2. **Busque dados para embasar seu trabalho.** Levante os dados disponíveis de pesquisas de clima ou engajamento, de entrevistas de desligamento, dados públicos de favorabilidade (ex: GlassDoor), ouvidoria, *compliance* e outras fontes que sua organização disponha para ter como base referencial.
3. **Faça a convergência de perspectivas.** Após a fase de entrevista, faça uma análise criteriosa para encontrar os pontos em comum e mais evidentes ressaltados na fase de conversa.

Apesar de a tentação ser grande, não vá direto para as ações. Siga o processo de desenvolvimento da solução a partir do entendimento dos seus problemas relacionados a sua meta.

4. **Determine a meta impossível.** Com todo o levantamento realizado e a visão do que geraria um alto impacto nos resultados e no clima da organização, estruture a meta da organização da maneira mais específica possível. Lembre-se de que, no caso da Ambev, determinamos ultrapassar a marca dos 80% em eficiência e reduzir o turnover para abaixo de 6% em cinco anos. Quanto mais clara for sua meta impossível, melhor. Determine os critérios, o valor e o prazo que fariam a sua organização dar um salto. A meta impossível está muito alinhada à visão de negócio estabelecida pela organização. Ela deve ser compartilhada por toda a liderança e transbordada para todo o time.
5. **Acompanhe e preste contas ativamente.** Além de ter uma agenda recorrente do Comitê de Gente e este possuir poder de decisão, é muito importante cuidar do fluxo de comunicação das ações realizadas e dos resultados objetivos. Quanto mais aberto for o fluxo para todos da organização, cada vez mais o clima de engajamento e pertencimento será potencializado.

MASLOW E PDCA NO SEU NEGÓCIO

Depois de visualizar os objetivos que representariam a grande virada do seu negócio e enquanto realiza o processo de diagnóstico, a ferramenta de justaposição da teoria de Maslow com a metodologia PDCA é uma grande aliada para determinar as práticas e as soluções que poderão ser implementadas a fim de alcançar as metas definidas.

Necessidades fundamentais segundo Maslow	Dimensão e critérios: qual área e o principal ponto de insatisfação a ser combatido	Proposições de solução	Nível de dificuldade para implantar a solução	Recursos essenciais para implantar a solução e prazo
Fisiológicas				
Segurança				

Pertencimento

Estima

Autorrealização

Implementação

Com a ferramenta desenvolvida na página anterior, o Comitê de Gente pode se focar na implementação das ações. Assim, é preciso:

1. Identificar as ações mais eficazes e replicáveis;
2. Orientar sua rápida implementação de modo simples e didático para que possa ser compartilhada com toda a organização;
3. Acompanhar sistematicamente as implementações das soluções na rotina do time;
4. Verificar os impactos das ações nos resultados da meta;
5. Consolidar as melhores práticas periodicamente para aprimorar constantemente a gestão de pessoas na organização.

Esperamos que os blocos de ação que apresentamos o ajudem a avançar na transformação positiva e no crescimento da sua organização. Não existem soluções prontas, o caminho não é fácil, pois os problemas que enfrentamos atualmente são complexos. A Ambev teve a coragem de enfrentar o desconhecido, experimentando, acertando e errando. Para você a largada desta jornada está aqui, com uma abordagem pragmática de como investigar e encontrar soluções em gestão de pessoas para seu problema impossível. É importante lembrar que será uma jornada de construção de conhecimento e de desenvolvimento de todos aqueles envolvidos.

O tempo também é um fator crucial, então não espere resultados instantâneos. A mudança, capaz de alterar de forma perene os resultados, é cultural, e não se constrói em dias, mas ano após ano, em uma transformação contínua. Certamente, o sucesso virá à medida que as lideranças da sua organização se aproximem do seu propósito e promovam a convergência entre os valores organizacionais e os pessoais.

E quando os resultados vierem, você terá depoimentos espontâneos como os deste livro, coletados por um jornalista isento, que não conhecia as pessoas nem a cervejaria. A recompensa é uma experiência marcante e transformadora, que muda histórias de vida. E isso não tem preço.

Agradecemos profundamente por você ter acompanhado a nossa jornada e esperamos que realize inúmeros sonhos antes vistos como impossíveis. Se desejar compartilhar conosco os resultados da sua experiência aplicando essa mesma visão na sua empresa, ficaremos muito gratas em receber sua mensagem para que, cada vez mais, tenhamos empresas e líderes que coloquem as pessoas verdadeiramente no centro de sua atuação.

Entre em contato conosco pelos canais:

- **in** Neuza Chaves
- **in** Viviane Martins
- **in** Falconi Oficial
- **◉** falconioficial

POSFÁCIO

Um olhar para o futuro

Colocar as pessoas no centro e humanizar as relações – apesar da obviedade do clichê – não é algo tão trivial assim. A cultura Ambev sempre foi forte em alavancar o potencial das pessoas e em dar oportunidades para que talentos excepcionais, de qualquer origem, tivessem a chance de construir suas carreiras e transformar realidades onde quer que estivessem. Onde estariam, então, as falhas?

Acompanhei esse aprendizado de perto, primeiramente como o responsável pela área de Gente da Cervejaria Rio de Janeiro e, hoje, conduzindo a área de gente para os seis países que gerenciamos aqui na América do Sul. Afirmo que a soma de dois fatores foi fundamental: gente no centro e consistência.

Interpretar o ambiente e as relações dos grupos foi a primeira mudança de mentalidade que construiu tudo isso. Os indivíduos nada mais são do que parte integrante de um ecossistema muito maior que une equipes, famílias e a sociedade. Essa ótica foi transformadora, entendê-la fez as soluções aflorarem, e uma cultura de cuidar de gente evoluiu em um ritmo sem precedentes na nossa história.

Sai de cena a jornada do herói, do líder transformador, provedor de soluções, e entra a cultura do grupo, da convivência, das soluções geradas pelo aprendizado contínuo de pessoas em busca de um

O DESAFIO DO IMPOSSÍVEL

sonho comum. Trata-se de praticar dois valores centrais da nossa cultura – sonho grande e gente boa – de maneira muito mais profunda.

Entra aqui o segundo ponto que gostaria de ressaltar: consistência. Fator-chave para qualquer transformação. Os capítulos deste livro narram um pouco da dificuldade que tivemos ao longo dos anos para sustentar resultados após grandes esforços para melhorá-los. A analogia mais simples para traduzir isso é a velha narrativa do grande atleta que sempre tem mais dificuldade de se manter no topo do que para chegar lá. Qualquer mudança grande e impactante só se torna real e palpável quando se entende que o caminho é recheado de solavancos e retrocessos. Mudança cultural é um processo, e não uma mentalidade.

O fator sorte desaparece quando se tem consistência. Hoje posso ver que parte no nosso sucesso foi termos entendido isso desde o início. Nove anos depois e quase oitenta reuniões do Comitê de Gente realizadas, é possível dizer que essa foi outra transformação. Nunca tratamos a nossa jornada como um projeto com prazo para acabar, coisa que seria bastante natural no nosso modelo já muito consolidado de trabalho. Que sorte a nossa de o grupo ter condensado esse ponto já em sua concepção.

Prestes a completarmos dez anos de história do Comitê de Gente, posso dizer com os olhos de quem acompanhou essa trajetória desde o início que hoje a busca por soluções de problemas de gente foi substituída por uma cultura de criar o melhor ambiente possível. É muito menos sobre sermos reativos a situações que nós mesmos criamos e muito mais sobre construir o futuro que queremos para nós, como grupo.

Da Cervejaria Rio de Janeiro para o mundo

Com o passar dos anos, o comitê deixou de ser uma experiência local e foi exportado para outras unidades da Ambev. Para termos uma ideia da dimensão, o modelo ganhou também outros lugares do mundo, chegando a países como Estados Unidos e México. Criou-se uma cultura de acolhimento e de cuidar de gente.

Quero atentar a esse ponto, porque estamos falando dessa virada de chave que mencionei antes. Quase dez anos depois da experiência da Cervejaria Rio de Janeiro, estamos passando por uma transformação de negócio e cultura. Queremos nos tornar uma empresa cada vez mais aberta, humana, colaborativa e inovadora.

Caso você esteja se perguntando sobre a relação dessa transformação e da vontade de inovar com o comitê, explico: essa experiência criou uma base para o futuro que queremos construir na Ambev. Quando digo que colocamos a ótica das pessoas no centro e que abandonamos o conceito do "líder herói", estou também falando que a escuta, a colaboração, o ambiente de aprendizado e a cultura de debate florescem. Esse ambiente é também o lugar onde a inovação mais encontra seu caminho.

Talvez isso não fosse o objetivo inicial e nem sequer as discussões girassem em torno de inovação, mas fato é que a forma como o comitê se estruturou nos levou a fomentar a cultura de falar abertamente de erros, aprendizados e ideias. Sem medo de julgamentos e repreensões. O embrião do que hoje defendemos ser um dos pilares da nossa evolução: a segurança psicológica.

Repito, transformação é um processo e ainda há muito por fazer. Seguiremos com nossos debates mensais e com a rotina que se mostrou bem-sucedida até aqui. Além de consistente, ela é prazerosa e genuína, ficando mais fácil sustentá-la ao longo dos anos.

Por fim, deixo meu agradecimento ao prof. Falconi e aos times da Falconi e da Ambev, que fazem parte de uma história contada com orgulho, porém com a humildade de saber que o comitê é um livro de muitos capítulos cuja maior parte ainda não foi escrita. Cuidar de gente sempre será nosso valor mais forte.

Daniel Spolaor
Diretor de Gente da Ambev

Mudança cultural é um processo, e não uma mentalidade.

CADERNO DE FOTOS

A nova cultura abre espaço para o bem-estar

O que dizer ao ouvir pessoas que viveram o antes e o depois se referir à cervejaria como a "nossa Disney"? Ou ainda que o banheiro ficou parecido com o de um shopping? Melhor não dizer nada e se ater ao campo da sensação. As pessoas passaram a viver uma nova experiência de um ambiente transformado em um território de bem-estar e bons resultados. E o que é melhor: elas fizeram parte de todas aquelas melhorias.

Os indicadores quantitativos vêm mostrando, ano a ano, resultados excepcionais, que valem a pena ser reforçados: queda do turnover em níveis abaixo da meta de 6%; a eficiência de linha deslocou o ponteiro em torno de 60% e superou os 80%; o índice de engajamento passou dos 80%; os indicadores operacionais de custos de água, energia, entre outros, também caíram. Os resultados sustentáveis permitiram que a cervejaria fosse pela primeira vez campeã na avaliação do Prêmio Nacional de Excelência da Cia e posteriormente conquistasse o segundo lugar mundial. Enfim, o tão desejado valor "Senso de Dono" tem motivos de sobra para ser uma realidade. As pessoas podem se orgulhar dos resultados, do ambiente onde trabalham e da forma como são valorizadas.

Um pouco disso tudo será sumarizado em algumas fotos na tentativa de demonstrar um pouco da integração das pessoas com o trabalho e as condições humanizadas.

Praça central e museu a céu aberto da Cervejaria Rio de Janeiro.

Lava-rápido no estacionamento da cervejaria.

Portaria da Cervejaria Rio de Janeiro.

Os restaurantes passaram a seguir os protocolos de distanciamento social devido à pandemia de covid-19.

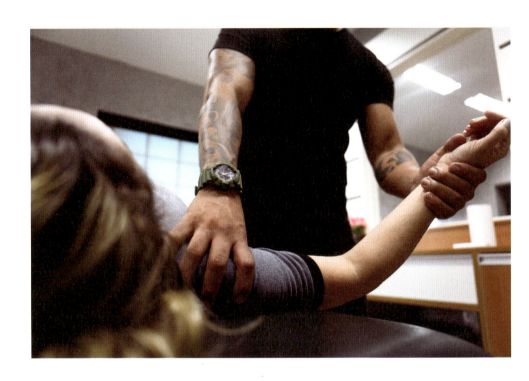

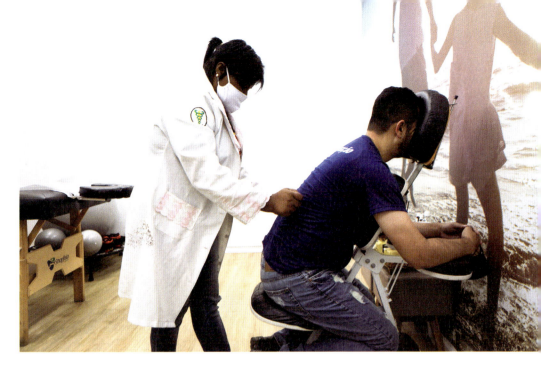

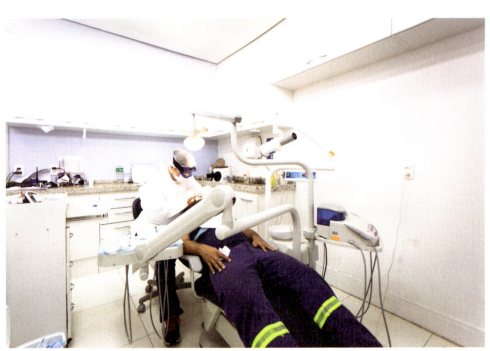

O Espaço Saúde conta com fisioterapia, massagem, dentista e atendimento médico.

Tanto o ambiente interno como o externo são adaptados para a mobilidade dos funcionários.

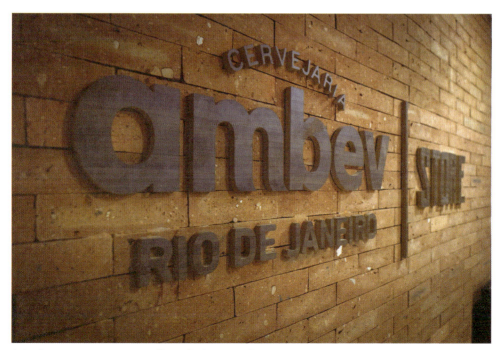

A Ambev conta com uma grife exclusiva: a Ambev Store.

Sessão de mentoria para líderes em formação.

A empresa conta com espaço para videogame e uma relaxante área de descanso.

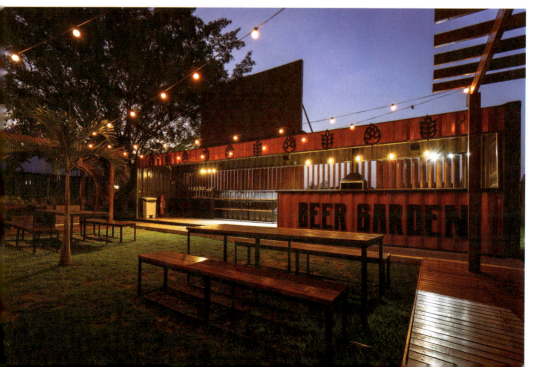

O Beer Garden, na Cervejaria Rio de Janeiro, é um belíssimo espaço de descontração.

Barbearia na Cervejaria Rio de Janeiro.

Modelo de veículo para entrega de peças e insumos.

Área de fabricação da cerveja.

Copa na Cervejaria Rio de Janeiro.

Uma reunião de rotina da empresa.

Grupo de melhorias.

Este livro foi impresso pela Edições Loyola
em papel Pólen Bold 70 g em março de 2021.